内蒙古歷代方志集成

第一輯 ❶

蒙古志

內蒙古自治區人民政府地方志研究室 編

山西出版傳媒集團
三晋出版社

圖書在版編目（CIP）數據

蒙古志 / 内蒙古自治區人民政府地方志研究室編.
— 太原：三晋出版社，2022.10
（内蒙古歷代方志集成）
ISBN 978-7-5457-2601-5

Ⅰ.①蒙… Ⅱ.①内… Ⅲ.①内蒙古—地方志 Ⅳ.
①K292.6

中國國家版本館CIP數據核字（2023）第154046號

蒙古志

編　　者：	内蒙古自治區人民政府地方志研究室
責任編輯：	張仲偉
責任印製：	李佳音
裝幀設計：	劉　磊
出 版 者：	山西出版傳媒集團·三晋出版社
地　　址：	太原市建設南路21號
電　　話：	0351-4956036（總編室）
	0351-4922203（印製部）
網　　址：	http://www.sjcbs.cn
經 銷 者：	新華書店
承 印 者：	山西基因包裝印刷科技股份有限公司
開　　本：	787mm × 1092mm　　1/16
印　　張：	23
字　　數：	250千字
版　　次：	2022年10月 第1版
印　　次：	2023年 8 月 第1次印刷
書　　號：	ISBN 978-7-5457-2601-5
定　　價：	200.00 圓

ISBN 978-7-5457-2601-5

9 787545 726015 >

如有印裝質量問題，請與本社發行部聯繫　電話：0351-4922268

《内蒙古歷代方志集成》（第一輯）編纂委員會

前言

『一邑之典章文物，皆繫于志。』方志古籍是中華古籍的重要組成部分，保存着中華歷史文脉，揭示了區域文化源流走向，藴含着豐富的歷史智慧，關乎民族利益和國家安全。據不完全統計，我國現存舊志九千餘種、十萬餘卷，約占我國現存古籍總數的十分之一。做好新時代方志古籍工作是地方志傳承中華優秀傳統文化的重要抓手，是賡續中華文脉、提升國家文化軟實力、增强文化自信的重要途徑。

内蒙古地區歷史悠久，是紅山文化、大窑文化的發源地，也屬于仰韶文化的影響區。因人們長期過着逐水草而居、遷徙不定的生活，再加之常年戰亂，導致内蒙古地區存留下的古舊文獻相對較少，且多散于各地甚至國外。有些文獻存世極少，甚至是孤本，普通學者、大衆很難一睹其真容，這些古籍文獻亟待搶救性保護、傳承和開發利用。

近年來，中共中央辦公廳、國務院辦公廳先後印發《關于實施中華優秀傳統文化傳承發展工程的意見》和《關于推進新時代古籍工作的意見》。内蒙古自治區人民政府地方志研究室積極貫徹落實中央精神，于二〇二一年啓動《内蒙古歷代方志集成》影印出版工作，規劃以現行内蒙古自治區行政區劃爲邊界，精選現存可查、内容全面、資料性强、版本較好的舊志底本，從二〇二二年始分年度、分輯影印清和民國期間内蒙古歷代綜合性地方志書。此次整理本着保留原貌、存真求實的原則，按底本影印，不作點校。

全面收集整理、影印出版《内蒙古歷代方志集成》是内蒙古傳承發展中華優秀傳統文化的一項大型文化工程，是内蒙古地方志事業發展史上具有里程碑意義的一件盛事，功在當代、利在千秋。

《内蒙古歷代方志集成》（第一輯）的整理出版，得到了國家圖書館、内蒙古自治區人民政府辦公廳、内蒙古自治區財政廳、内蒙古自治區圖書館及相關單位的大力支持和幫助，在此一并表示衷心感謝！希冀《内蒙古歷代方志集成》（第一輯）的出版發行，能彰顯内蒙古志書典籍的獨特文化魅力，發揮地方志書存史資政育人功能，服務經濟社會發展，增强文化自信，爲建設祖國北疆亮麗風景綫注入新動力。

内蒙古自治區人民政府地方志研究室

總目録

⑩

〔清〕姚明輝 編纂

蒙古志

三卷

清光緒纂 民國鉛印本

坿圖一函

蒙古志

中國圖書公司編輯印行

序言

蒙古地理嚮推張氏蒙古遊牧記最詳博日本參謀本部近撰蒙古地志記纂完備尤爲善本顧遊牧記獨詳區分沿革而於山川大勢氣候寒燠物產豐嗇凡天然人事之關係人生者闕如也蒙古地志大率取材於我國官私箸述而以彼國人讀我國書記我國事又不無毫釐之失如舊土爾扈特十旗及中路和碩特三旗已圈入新疆管內彼於區分章已不具載而政體兵制諸章中仍未之删又如阿爾泰諾爾烏梁海二旗及阿爾泰河兩岸定邊左副將軍所轄之烏梁海十佐領皆自同治三年界約折入俄國而彼書猶著於篇此其牴牾之尤顯者癸卯春內弟夏君頫萃偕其友吳君播聲譯蒙古地志稿郵來相質嘗爲之釐訂其誤茲復不揣弇陋剌取羣籍編爲是册體例一依蒙古地志內容殆增其半錄所据諸書如左

嘉慶會典　　總理衙門通商約章

齊召南水道提綱　　李誠萬山綱目

魏源聖武記
王慶雲熙朝紀政
張穆蒙古遊牧記
何秋濤朔方備乘
馬思哈塞北紀程
余寀塞程別記
方觀承從軍雜記
范昭逵從西紀略
姚瑩庫倫記
李德喀爾喀風土記
龔柴蒙古考略
鄒沅帆中俄界記
錢恂中俄界約斠注
日本人蒙古地志
胡林翼大清一統輿圖
李兆洛一統輿地全圖
洪鈞中俄交界全圖
日本人俄國經營東方部面全圖
家大人喀爾喀四部圖說

蒙古志目次

蒙古志卷一

位置

蒙古在十八省之北。地形縱狹橫廣。南盡北緯三十七度。當甘肅省甯夏府中衞縣西南之黃河北岸。北盡北緯五十二度十分。當貝克穆河之北源。南北相距十五度十分。西盡西經三十度二十九分。當齋桑湖之東部。東盡東經十度三十一分。當嫩江會合呼蘭河之點。東西相距四十一度。南界直隷山西陜西甘肅四省。北界俄屬西比里西界甘肅新疆。東界滿州。面積約一千四百八十四萬一千七百方里。

又有青海蒙古。不連於上所云者。在甘肅四川之西。新疆西藏之東。甘肅新疆之南。四川西藏之北。南盡北緯三十三度。北盡北緯三十七度。東盡西經十四度二十九分。西盡西經二十八度二十九分。南北距四度。東西距十四度。面積約一百十八萬方里。近世多以英京倫敦爲中線倫敦距中國京師凡百十六度二十九分

山脈

蒙古山脈。凡二大幹。一曰崑崙山脈。一曰阿爾泰山脈。崑崙山脈。在青海蒙古與西套蒙古內蒙古。阿爾泰山脈。在外蒙古與科布多烏梁海。凡青海蒙古與西套蒙古內蒙古之山。皆崑崙之脈也。凡外蒙古與科布多烏梁海之山。皆阿爾泰之脈也。二幹皆起新疆西界之帕米爾高原。而自西向東。其大者於崑崙山脈。爲祁連山阿拉善山陰山興安嶺。於阿爾泰山脈。爲唐努山杭愛山肯特山。

一崑崙山脈

崑崙山。蒙古語曰巴顏哈剌山。西自新疆入青海蒙古。蜿蜒東行。爲烏蘭木淪河。與柴達木河之分盤線。至札陵鄂陵二湖之西。分爲三支。一向東南。縣亙於黃河南岸。爲烏哈那哈達。拉母拖羅海。查克喇峨。襍普通克查哈朗拖羅海。帀巴顏哈喇。茶哈爾巴顏哈喇。瑪穆基托思。馬查克查達巴罕。巴顏禿呼馬達巴罕。澤巴顏哈拉。瑪穆巴彥哈拉等山嶺。而入四川甘肅境。爲北嶺之正幹。一向正東。盤旋於黃河北岸。爲阿克坦齊欽。

巴爾布哈烏蘭得什馬尼都阿拉克薩拉哈爾濟滂馬車大雪積石等山而大雪山最爲高峻山巔積雪四時不消青海以南此山爲冠一向東北環繞於青海附近爲伊瑪圖拜生圖胡胡色爾格察罕鄂博圖等山而接於祁連是榦諸山和碩特土爾扈特等旗遊牧所在也巴顏哈剌山脈崑崙之中榦也層峯疊嶂高入雲霄然水草極饒畜類孳息且多金銀鑛云

祁連山一曰南山崑崙之北榦也分支於青海蒙古之西而沿邊東行與新疆甘肅爲界自西向東爲阿穆尼厄庫集魯肯歐西喜阿木尼厄岡噶爾等山並大通河東入甘肅凡甘肅之肅州甘州涼州境內諸山皆祁連也山至甘肅古浪縣之南爲分水嶺於此有二水南北分流其南流者爲莊浪水入黃河北流者爲古浪水匯於白海山勢至此折向東南爲松山而接於阿拉善此山之脈橫亙東西殆二千里最高之峯有一萬六千尺著名之河流發源於此山脈者甚夥其在北麓爲坤都倫布隆吉二河在南麓爲黃河支流大通河亦其一也至於細流不遑枚舉山中水草充足畜牧甚便氣候冬

溫夏涼。蓋樂土也。

阿拉善山。一曰賀蘭山。起於松山。北貫長城。並黃河而東北。爲巴克丁。阿坦等山。內蒙古與西套蒙古之界山也。至河套西北。而接於陰山。此山之陰。阿拉善額魯特遊牧所在也。漢人多居其陽。蒙古人名之曰阿拉善。漢人名之曰賀蘭。故山陰山陽異名。實一聲之轉耳。山長千餘里。峯巒蒼翠。崖壁斗絕。巴克丁山爲最高。約一萬一千六百尺。餘達雪線者。於九月下浣。已積雪於山腰。惟山勢峭削窄狹。廣僅三十六里。不能保持水泉。故鮮河流發源。且生物亦甚少。俄人布拉苐挖斯奇氏。謂是山之質。但成白花岡石片磨石石炭等。故不生草木。惟其西部高於海面七千五百尺處。略有松杉楊柳。是山中有大伽藍三座。蒙古僧住之。而毀於東干之亂。今其遺趾僅存。

陰山。亦曰大青山。起自內蒙古境河套西北。脈向東北。爲狠居胥。色爾騰。翁金。朔龍噶札爾。釜翁。拜賽古。皃德爾。布虎圖。臥龍海。剌喀等山。綿亙內蒙古烏喇特。茂明安。喀爾喀右翼。四子部落。蘇尼特。阿巴噶。阿巴哈納爾等旗。與內屬蒙古土默特。察哈爾之境。

海喇喀山者。當西喇木倫河源。自海喇喀山而北。接於興安嶺。自海喇喀山而東南。則爲本餘。本餘行於直隸境內。爲蝦蟆。大衍。毛金。明安等山。凡直隸境內之蒙古各旗。若克什克騰。若翁牛特。若喀喇沁。若土默特。喀爾喀左翼。若敖漢。若奈曼。皆牧於其北麓。明安山當承德府之東。爲老哈河之源。山脈至此。分支折向東北。爲大淩河源。經喀喇沁土默特翁牛特敖漢奈曼等旗。至科爾沁左翼。爲法庫山。又東入盛京。其錦州府之醫巫閭山亦此山脈之尾也。是脈起自河套西北。斜達盛京邊牆。橫亙沙漠之南。延袤長城之北。殆二千餘里。

興安嶺。起於海喇喀山。當西喇木倫河之源。脈向東北。行於內蒙古地。爲阿爾噶靈圖。桃圖。喀拉坎。三因溫都。拉馬衣。馬哈拉。蘇克蘇魯等山。山之陽。巴林阿魯科爾沁札魯特諸旗之遊牧地也。哈奇爾。郭特爾。二河出焉。山之陰。阿巴哈納爾浩齊特烏珠穆沁諸旗之遊牧地也。錫林。雞林。呼魯呼爾。賀魯渾等河出焉。諸河東西分流。瀦爲湖泊。又有細流數道。或湮沒沙地。山脈當蘇克蘇魯山。有支脈焉。其在哈奇爾河與郭特爾河間者爲奇爾巴爾山。爲特里野山。在郭特爾河與陶爾河間者。爲約孫海拉蘇山。爲翁袞山。皆東南行。科爾沁部高原在焉。本幹又自蘇克蘇魯北行。爲烏哈納巴彥和碩。胡蘇台。索岳爾濟等山。索岳爾濟山聳立滿州蒙古之間。陶爾河源所發也。嫩江西岸支流。多發源於山之陽。鄂爾呼河。喀爾喀河。則發源於山之陰。滿蒙之間一高峯也。又自索岳爾濟北行。而入於黑龍江省。環繞嫩江流域。凡黑龍江省內諸山。莫非興安支峯。

二阿爾泰山脈

阿爾泰山。西自新疆入科布多。額爾齊斯河出焉。折而北。蟠伊克阿拉克泊。與烏布薩泊之西。介額爾齊斯河與貝克穆河間。沿中俄邊界。而入於俄屬西比里。接薩彥山脈。延袤甚長。支脈甚衆。高約六千尺至八千尺。達雪線者。則在北半。其在伊克阿拉克泊。與烏布薩泊之西。亦名賽留格木嶺山脈。其在額爾齊斯河與貝克穆河之間。亦名薩彥山脈。而於烏布薩泊之西北。分支東趨。爲科布多烏梁海之界山。而接於唐努。其烏布薩泊之西南。亦有支脈。向東爲孫都爾山。喀拉阿集爾漢山。奇勒瞀思山。皆在伊克阿拉克泊與阿布薩泊之間。至瑪拉哈山。而接於杭愛。又凡伊克阿拉克泊以南諸山。若哈瑪爾嶺等。迤邐東南。直達沙漠。貫札薩克圖三音諾顏二部。接西套蒙古、之邊。則其南榦也。

唐努山。起烏布薩泊西北。阿爾泰之大支榦也。其脈自西向東。爲哈拉莽鼐。化漢台。伊都克溫都爾等山。皆在烏布薩泊之北。貝克穆河之南。科布多烏梁海之界山也。又東至額爾齊特山。爲札薩克圖汗與烏梁海之界。接於杭愛山脈之北。而折向東北。爲章哈等山。貝克穆河之南源出焉。又北爲塔爾噶克等山。則貝克穆河北源之所發。山勢至此又折而西。蟠貝克穆河源之北。至布拉漢山。是脈環繞貝克穆河上游。皆崇山峻嶺。高至八千二百尺。有達雪線者。凡山陰之水。皆貝克穆河支流。其陽則多湖澤。而烏布薩。伊克阿拉克。桑金達賴。庫蘇古爾四泊爲最巨。自庫蘇古爾泊之北。分支東趨。爲努克圖嶺等。則其東榦矣。又此山脈自塔爾噶克山至布拉漢山。或名之曰噎耳奇克達爾噶克山脈。亦稱薩揚山脈。自努克圖嶺以東。塔爾噶克山以西。爲中俄邊界。總名亦曰薩彥山脈。薩彥之最高處曰穆遜。奇峯插雲。高達萬一千四百尺。四時戴雪。山中堅冰。雖盛夏不解。而恆有蟲類緣行其上。抑亦奇已。

杭愛山。亙外蒙古三音諾顏部中央。與札薩克圖汗部之東北。及土謝圖汗車臣汗二部之南。其脈起於札薩克圖汗部之額爾齊特山。自北而南。入三音諾顏部。爲伊遜都溫哈拉烏克克。庫爾薩雅。庫庫等山。達於沙漠。折而東北。入土謝圖汗部之西南。而接肯特。又東入車臣汗部。山之東麓。齊老圖。胡伊魯。塔米爾。庫爾里克。鄂爾坤。喀咾哈等河所發源。皆色楞格河支流也。山之西麓。噶蘇台河。拜塔里克河。推河。塔楚河。翁金河所發源。又有細流。或瀦爲泊。或涸於沙。是脈之北部。饒樹林。南部蕃草木。其在齊老圖河發源處爲最高峻。四時戴雪。次爲瑪拉哈山。俄人伊喇益雅斯氏稱此山之高。有八千二百尺。然猶不止。蓋見有達雪線者。

肯特山。介車臣汗部與土謝圖汗部之間。兩部之界山也。其脈起於土謝圖汗部都蘭哈拉山。迤而東北。爲汗山。爲巴彥集魯克山。爲奇爾薩山。爲巴彥集喜克山。而北入俄屬西比里接外興安嶺西人所謂牙布勒諾威山脈者也山之西麓圖拉通克勒布拉等河所發源其東麓克魯倫敖嫩二河所發源敖嫩即黑龍江本榦克魯倫爲黑龍江支流汗山者元太祖困於蔑兒乞而避難之處故其名頗著山之陰有城曰庫倫蒙古最繁盛之大都會也

以上兩脈乃其總名析言之則隨地各異茲爲詳攷列表如左

一崑崙山脈

崑崙山脈

納木齊圖山	巴顏哈喇山	音德爾圖錫	勒圖山
拉母施羅海	山	査克喇峨山	雜普通克查
馬查克查達	巴漢嶺	郭洛克山	巴顏禿呼馬
巴爾布哈嶺	烏蘭得什山	布呼集魯肯	山
滂馬山	底衞奎多克	山	積石山
	以上	和碩	

託賴嶺
巴爾布哈山
古爾班圖爾
哈圖山
噶達素齊老
山
爪福爾巴彥
哈嶺
烏哈那哈達
山
車山

哈朗托羅海
山
帀巴顏哈喇
山
瑪穆基託思
嶺
茶哈爾巴顏
哈拉山
巴顏禿胡穆
嶺
大雪山

達罕嶺
澤巴顏哈喇
嶺
馬尼都山
瑪穆巴彥哈
拉山
卓作克阡通
拉山
巴顏哈喇嶺
阿克坦齊欽
山

碧柳圖山
貌布拉克達
嶺
密里克山
布安山
阿拉克薩拉
山
哈爾濟嶺
阿木尼扣肯
古兒板山
阿木尼麻禪
母孫山

烏藍莽奈山
伊瑪圖山

特西
右翼
中旗
西右
翼後
旗西
左翼
後旗

搯克圖山 瑚瑚阿達爾 于山 忒們呼圖嶺	以上 土爾 扈特 西旗 後南 旗
登努爾特嶺	土爾 扈特 南中 旗
固爾班琿裁 山 碩羅嶺 察罕陀羅海 烏爾圖山 西哈爾噶山 烏蘭布拉克 嶺	以上 和碩 特西 後旗
烏克達爾嶺 索克圖山 胡胡色爾格 嶺	以上 和碩 特西 前旗
巴彥布拉山 阿穆尼薩爾 沁山 巴哈哈圖嶺	以上和 碩特南 左翼次 旗南右
謨爾穆山	以上 綽羅 斯南 右翼

烏蘇圖搜吉
嶺
拜生圖嶺

北左
末旗
北右
末旗

伊克哈圖嶺
察察嶺
納布楚爾嶺
海努克嶺
索爾古山

翼末旗
喀爾喀
南右翼
旗輝特
南旗

布呼圖嶺
沙拉克圖山

頭旗
和碩
特南
右翼
後旗

察罕鄂博圖
山
哈爾吉山
庫德里山
阿木尼巴延
尊崔山
阿木尼那凌

阿木尼洞舒
山
阿木尼天心
察罕山
阿木尼几善
通布山
阿爾尼巴爾

以上和
碩特東
上旗前
左翼頭
旗南右

魯察布拉山
監奔乃山
西傾山
小圖爾根山
大圖爾根山
伊克沙拉克
禿山

以上和
碩特前
頭旗南
左翼中
旗南右
翼中旗
土爾扈

通布山	布安山	翼末旗	札巴嶺	特南前旗

祁連山脈

察們塔格嶺 烏蘭嶺 獨子嶺 牛尾山 巴彥山 昌馬山 阿穆尼尼庫山 集魯肯嶺		歐西喜山 甘峻山 馬蹄山 阿木尼岡噶爾山 摩天嶺	以上和碩特西右翼旗前旗	
黑線山 合黎山 龍頭山 琅心山 孤紅山 亦不喇山 北大山 秣山	以上額濟納土爾扈特旗			

阿拉善山脈

甯羅山
來伏山
脫歡山
巴克丁山
阿坦山

以上阿拉善額魯特旗

陰山山脈

狼居胥山
喀爾占布特山
納林碩隴山
策爾山

哈那那林烏拉嶺
達罕德爾山
噶札爾山
晒田烏拉嶺

穆尼烏拉嶺
色倫布雷克嶺
木納山
大青山

鄂博圖喀喇山
莫埻鄂博圖喀喇山
牀山

巴爾喀山
碧柳圖山
河套山
雪山
伊克鄂博山

色爾騰山
阿爾坦山
翁金朔龍山

碩霍音打板嶺
沙喇鄂累山

赤城山
東德爾山
西德爾山

阿爾柴山
連山
馬神山

帷山
麥垛山
敖西喜山

察罕齊老圖山
居延山
狠山
牛頭朝那山
老虎山

以上烏喇特旗

錫勒圖山
哈兒凱圖山
齊齊哈爾察罕齊老圖山
布當圖山
拜賽古兒山
德爾山

殺羊山
哈拉海圖山
褪諾克山
官山
方山
固爾班喀喇山

郭岳會察罕齊老山
和岳爾伯爾克山
察罕鄂博山
喀喇陀羅海山

以上茂明安旗

敖什喜山
大青山

以上

翁袞山
瓮翁山

坎齊坎胡都克嶺

鄂爾多斯山
喀喇和碩山

以上

屋孤山
哈達圖山
罽嶺
岳索山
白雲山
拜音陀羅海
山
西神山
察爾山

喀爾
喀右
翼旗

得爾嶺
喀喇克親山
錫拉德布色
克山
伊瑪圖山·
車爾山
哲爾德謨多
山

阿巴哈拉
山
查爾山
獨牛山
納札海山
伊柯塞爾拜
山
新婦山

陽山
鵲山
博濟蘇克山
欽達布色爾
貝山
諾謨輝山
昭哈嶺
海喇喀山

四子
部落
旗

尼出袞山
察罕託羅海
嶺

察罕波託科
山
德林山

以上

哈特胡蘭台
山
馬尼圖嶺

博錐陀羅海
山
殺攄山

以上

阿哈拉古山
古楚古特山
布虎圖山
蘇門哈達嶺
沙喇哈達嶺
布爾色克山
福山
和爾和山

牛心山
俄爾綽克山
雙金山
諾渾山
巴倫明安陀
羅海山
哈爾巴和山
嵬明山

尼蘇特右翼旗

泰巴罕山
都蘭山
得兒山
喀爾他和碩
山
祥古山
和錫摩克山

寒山
姑渾陀羅海
山
臥龍山
集林山
烏喇山

蘇尼特左翼旗

西喇禮拜嶺
白岔山
海喇喀山
烏蘇圖杜爾

恩都爾華山
巴哈伊薩里
山
伊克伊薩里

博爾多克山
牛心山
黃山
布倫山

岳碧恩都爾
山
馬尾山
蜘蛛山

書庫里嶺
厄勒蘇太嶺
大衍嶺
布董昂嶺

以上克什

賓山
大黑山
漢海恩都爾
山
勃突山
吐頹山
山丹山
韓特木兒嶺
黃海嶺
敖保爾威遜
圖山
默沁察罕陀

山
博羅阿吉爾
汗山
巴爾嶺
阿多固沁山
鄂爾察克山
蟠羊山
毛金嶺
活爾活克嶺
鄂瑞台呼喇
圖山
古爾班陀羅

甯楚渾杜爾
賓山
雙山
木葉山
古爾班圖山
勒噶山
翁格綽爾山
萬松山
庫都爾圖山
巴倫桑噶蘇
台山
大黑山

三金山
高淀山
蝦蟆兒嶺
郭里嶺
神山
蒐濟山
柳山
庫力葉圖察
罕陀羅海山
博都克圖山
柞山
眞庫納山

拜圖哈嶺
克勒嶺
大松山
札固圖察山
漢陀羅海山
羅睺山
蒙克嶺
恩德山
布爾克爾圖
山

克騰
旗
以上翁
牛特左
翼旗
以上

羅山
阿嚕威遜圖
山
烏巴勒威遜
圖山
湯泉嶺
克泉嶺
默沁嶺
白石山
溫特根喀喇
山
哲爾得罕林

海山
遮蓋山
望京山
香台山
五峯山
畢齊克圖嶺
哈達圖山
小華山
兕麛山
華和博圖山
阿里衮察克
察罕陀羅海

額類蘇圖山
松山
臬嶺
烏蘭布通山
夏屋山
巴哈布祜圖
爾山
白鹿山
大華山
嵬名山
屋狐山
奴克爾山

舍爾圖山
溫都爾華山
巴爾圖山
慶雲山
得博僧山
權枒山
鵬窠嶺
塔本呼圖克
山
烏得呼華山
馬鞍山
海他罕山

繫輪山
鄂爾察克山
巴延布爾噶
蘇台山
黃山
泥楚渾都爾
碧爾山
圖莫克山
楊木嶺
塞爾和朔嶺
白鹿山
馬囊噶山

喀喇沁右翼旗
翁牛特左翼旗

山
錫寶敖爾山

山
棗山

圖古爾喀喇
山

方山
播羊山

烏蘇魯圖山
小黑山

五虎馬兒嶺
克勒嶺
盈托蘇嶺
努魯兒虎嶺
明安山
珠布格朗圖
巴彥喀喇山
雞冠山
和爾和克阿
圭山

蟠羊山
呼查察罕陀
羅海山
蔡爾吉山
神山
拜察山
富山
拉克圖爾山
永安山
方山

岱山
都呼喀喇山
拉克拉哈兒
山
烏呼曼嶺
額林畢老圖
山
雅嶺
兎兒山
喀喇和碩山

大青山
蒐克哈達山
摩勒津陀羅
海山
庫克碩卜和
爾山
托雷山
錫默特山
達爾罕陀羅
海山

察罕齊巴噶
山
圖爾罕圖羅
海山
埽林山
額克波羅山
阿里袞察克
察罕圖羅海
山
野狐嶺

以上喀喇沁中旗

欣斯虎峯山　釜山　青山　蓮花山　柏山　麝香山　七寶山

昌吉爾山　桌沁喀喇山　褱山　輝果爾山　喀爾克沁山　瑪尼圖山　鐵旛竿山

柞山　妒山　哈卜塔海華山　香高山　布魯爾克喇山　栗山

察卜齊爾山　石塔峯山　天保山　青鸞嶺　烏蘭山　馬鞍山　楊山

廟兒嶺　密達木山　五鳳山　鄂斯和爾巴山　波羅輝波羅　溫都爾山

以上土默特右翼旗

天山　洪果爾鄂博山　鄂博圖山

威布爾漢山　哈畢爾噶山　道場山　烏蘭布庫克

察罕齊老圖山　白鹿山　富泉山

紫楊山　哈卜塔海山　巴顏達賴山　阿噶爾圖山

鄂達木波羅山　噶察克喇山　碩隆陀羅海

以上

盤道山
小貛羊山
太貛羊山
庫克徹勒山
齊老圖嶺

山
庫爾奇勒山
巴爾斯陀羅
海山
納卜塔遜山

僧機陀羅海
山
昂噶勒津山
畢樓台山
庫特爾山

濟嚕克山
褱山
七嶺
哈達圖陀羅
海山

山
札固圖察罕
陀羅海山
巴雅海山

敖
罕
旗

巴奇爾阿嶺
梨谷山
達綠陀羅海
山
巴哈哈伯他
海山
五會山

以上
喀爾
喀右

瑪尼喀喇山
塔本陀羅海
山
鹿兒山
固爾班喇呼
山

以
上
奈

法庫山
龍門山
布惇山
寬山
巴漢巴虎山
得石陀羅山

以上
科爾
沁左

土魯齊和爾
和哈達圖山
喀海陀羅海
山

翼旗

大黑山
博羅輝博羅
溫都爾山

曼　旗

的石山
奚王嶺

翼前
旗後
旗

託蘇圖喀喇
山
胡圖克圖喀
喇山
窟窿山
占塔噶爾山
努山
褒山

陶金圖喀喇
山
察罕額里葉
山
長嶺
樺山
鄂倫和固諾
克山

栗山
察喇齊山
鴻吉爾岱山
大赤山
大白山
庫克山
伯爾克喀喇
山

錫拉哈達圖
山
翁噶里勒圖
山
托和多喀喇
山
托魯克台山
道場山

鎚子山
寬山
五鳳山
青山嶺
榴山
車輪山
鄂博察罕和
碩山

以上喀喇沁

哈達圖陀羅
海山
烏蘭哈達圖
山
白鹿山

香鑪山
噶海圖波羅
山
紗帽山
台圖山

平山
努祿拉呼山
哈札噶爾山
阿爾札噶爾
山

卓昌吉爾山
威遜圖喀喇
山
明安喀喇山
牛心山

盤嶺
鳳皇山

左
翼
旗

興安嶺山脈

波羅阿几爾
漢山
默爾哲嶺
伊色里山
吉爾格勒山
色吉庫山

額梅里哈屯
嶺
阿爾噶靈圖
山
朱爾哈爾陀
羅海山

阿納濟哈山
嵬伯山
巴哈噶札爾
嶺
霸特山
羖羊山

瑪尼圖陀羅
海山
蟠羊山
大熊山
色爾騰洪果
爾山

黃山
察罕阿魯克
山
喀喇阿魯克
山
特爾墨山

以上
阿巴
噶右
翼阿
巴哈
納爾

僧機圖山
橫山
勃突山
方山
清金山
葱山
黑山
浩珀都山
伊克哈爾占
山
蛇山
伊爾伯都山

瓜山
綠狐山
特墨車師山
扈拉琥山
僧機圖山
慶雲山
錫伯圖山
石雞山
太保山
巴兒達木山
固爾班鄂特

雙山
方山
以上巴林左翼右翼二旗
綽克恩都爾

蛇山
牀山
活潑多山
和布托海爾
奇克山
武歷山
察里爾圖山
哈爾塔爾山
馬鞍山
邵龍山
塔拉蘇伯嶺

俄奇特庫爾
格特山
永安山
巴爾達木山
色爾騰洪果
爾山
布爾罕山
觸寶山
覆舟山
青羊山
蔥山

右翼
旗
以上阿巴噶阿巴哈納爾兩左翼旗

布當圖山
固爾班和老圖山
老虎山

山
胡呂山
犢山
阿珀達頼圖山

山
蝦蟆兒山
薩兒巴兒山
海喇喀山

崆峨羅山
烏藍嶺
集林山
一桃圖山

杜爾喀喇山
野狐山
獨石山
孟納爾山

以上浩齊特左右翼旗

哈爾哈那太山
海喇喀山
衣蘭布虎圖山
哈綠那太山
庫魯默特山

喀拉坎山
三因溫多山
大黃鷹山
小黃鷹山
喀喇圖山
涿邪山
黃山

瑞鹿山
雙山
烏里雅台山
方山
布哈碧老山
獺山
馬盂山

賽音恩都爾山
紅鄂禿嶺
魁勒庫山
索岳爾濟山
峨博羅山
五峰山

呼哈馬爾山
昂阿拉海都山
巴漢哈爾巴爾山

以上烏珠穆沁左右翼旗

哈馬爾嶺
西喇溫都爾
山
布爾各蘇特
伊山
托拜山
都蘭山
小黑山
博會山
薩畢爾漢山

布爾格蘇台
山
烏遼山
白石山
邁爾圖山
庫爾默特山
巴彥噶祿山
狠山
紗帽山
羊山

刻呼納山
樂游山
伊克托盔山
庫格圖山
連山
棗山
巴哈阿珀札
哈山
阿特和碩山
白雲山

曼頭山
葛勒爾溫都
爾山
大房山
牛首山
巴漢圖虎爾
吉山
白鹿山
大射山
黑山

大石山
殺羊山
巴彥朔龍山
太保山
水精山
蛇山
伊克阿珀札
哈山
烏孫噶察山

以上阿魯科爾沁旗

蘇克蘇魯山
奇勒巴爾哈

盔騰嶺
摩閣岩山

青羊山
伊克特黑山

巴噶查克朶
爾山

吉蘭陀羅海
山

以上札

爾漢山
拉馬衣馬哈拉嶺
烏哈納嶺
巴彥和嶺
綽挪圖嶺
奇爾巴爾山
特里野山
色爾奔山
吉魯克山
崇吉岱山
岳重圖山
馬盂山
嵬石山
札拉克山
米拉山
野鵲山
霞列山
寬山
花山
僧機圖山
努黑圖山
蛇山
小青羊山
水泉山
愁思嶺
鑿山
屆劣山
魯特左翼右翼二旗

約孫海拉蘇山
翁袞山
雅洛阿林山
鮮卑山
羖䍽山
寒山
溫山
胡凱山
大牢固山
楡木山
綽爾海山
神山
火山
落佗山
喀喇阿吉爾
漢山
魁勒庫山
木什匣嶺
胡蘇台山
郭覺羅山
索攸勒吉山
察普奇拉庫山
必頭烏山
以上科爾沁右翼中旗前旗

塞喀嶺
塞懇山
落佗山
額貴山
錫伯圖山
以上

達齊圖嶺 朶雲山
阿祿岳堪山 阿敏山
赤房山 雕窠山
朱爾噶岱山 卓索台山
納濟山
札賚特旗

阿爾泰山脈

二阿爾泰山脈

察爾古爾特依山 闊克孫山 空紳山 庫庫爾格山 阿岳圖嶺 薩雷格爾山
額勒蒙圖嶺 孫都魯克嶺 薩爾果梅爾山 庫圖靈山 阿茲克排山 穆斯套山
克茲勒阿得爾山 薩伊爾山 斜爾克山 科則勒塔斯山 哈靈山
薩爾克喇瑪山 薩留塔爾巴哈台嶺 奎屯山 騰格爾鄂衣都爾山
賚留格木嶺 薩彥嶺 罕騰格爾山 哈拉莽鼐山 巴爾魯克嶺 博羅耆嶺 哈馬爾嶺
以上科布

喀爾古嶺
鄂博圖山
海拉圖嶺

闊克久立克
山
蘇治山

雅瑪特山
巴特爾海爾
罕山

索爾必嶺
德哈伊爾罕
山

孫都爾山
喀拉阿集爾
漢山

多

額勒古斯嶺
阿塞圖嶺
察布察爾嶺
鄂爾噶漢山
敖蘭烏納胡
山

以上烏梁海

克里圖博羅
山
諾譔渾山
巴彥察罕山
伊科博哈多
山

阿爾察博哈
多山
固爾班塞哈
特山
古爾班色坎
山

枯黑勒山
額布根山
空可哈拉隆
山

以上外蒙古三音諾顏部

博多輝嶺
博穆博圖山
巴音成都爾

達爾賓努魯
山
博郭齊嶺

明安古爾札
山
達爾必山

哈薩克圖山
和爾輝嶺
阿爾洪山

察漢努魯山
達爾畢鄂拉
山

以上

山
都爾都倫山
巴彥達克嶺
士咧哈伊爾罕山
昌多明博格多山
闊普臣鄂拉山
伊哈塔音山
德特胡嶺
庫庫齊圖山
蘇圖干山
布古海爾罕山
伊和海爾罕山
則連博格多山
耶林努魯山
庫克嶺
納穆嶺
烏蘭嶺
阿治博格多山
成吉斯山
阿特斯山
哈喇阿吉爾戞山
泰什爾山
哈拉阿集爾漢山
鄂什庫山
尼赤金鄂拉山
阿集嶺
鼐滿山
阿噶爾山
布胡圖山
罕呼黑山
布攸斯海爾罕山
唐旬哈拉山
穆帖列特山
蘇拉克圖山
阿爾噶靈圖山
阿拉克山
翁郭山
瑪拉哈山
外蒙古札薩克圖汗部

唐努山脈

哈拉莽鼐山
順都罕山
哲尼克山
哈喇哈特山
章哈山
以上

杭愛山脈

科布多烏梁海及札薩克圖汗部

庫爾格集嶺
甕格什嶺
哈爾黨嶺
三格連山
罕台戞山
薩揚嶺
布拉漢山
塔爾闊克山
努克圖嶺
噶克察山
穆遜山

花漢台山
阿爾噶靈圖
山
伊都克溫都
爾山
杭哈嶺
古爾畢達班
山
布魯奈嶺
帖爾庫勒烏
拉嶺

甕袞山
額爾齊特山
納穆南山
額爾古布爾
古特山
克斯尼克圖
山
多什圖達班
山
博古圖達班
山

托罕山
烏蘭台戞山
哈喇薩爾得
克山
巴音烏喇山
巴哈多拉山
鄂合多拉山
特爾庫勒山
胡塔海圖山
哈章古山
貝勒蘇圖山

塔爾噶克山
和尼因嶺
額爾奇克山
噎耳奇克達
爾嘎克嶺
袞寶山
庫克齊老圖
山
永和爾山
額讃勒車科
山

額爾齊特山
鄂爾伯吉山
烏爾圖烏爾山
溫都爾山
呼布蘇古阿山
伊遜都蘭哈拉山
巴彥集魯克山
罕蓋嶺
賽坎山
額魯赫特山
察罕集爾圖山
額勒必納科嶺
錫爾克衮山
布坤沙拉山
烏克克嶺
索阿衣都嶺
台隴恩格爾山
庫爾薩雅嶺
庫庫嶺
額克特穆爾山
章鄂山
鄂爾哲圖都蘭哈拉山
以上三音諾顏部

杭古哈馬爾山
果羅爾衮山
錫爾哈烏集爾哈山
庫庫齊老圖山
哈達穆圖山
坤策勒山
伊呢爾山
巴哈噶札爾山
卓爾郭爾山
和克沁山
伊克噶札爾
訥拉特山
轟郭爾山
和克沁山
薩賓達班山
都蘭哈拉山
汗山
巴彥集克爾山
布爾林達班嶺
以上外蒙古土謝圖汗

喀里雅爾山 阿巴漢山
秘克納山 巴顏烏蘭山
山 商凱山
阿布達蘭台 山

部

郭綽爾山 鄂羅輝山 卓索爾山 達爾漢山 巴爾台哈山
伊集爾額爾 奇訥克山 伊蘭圖爾哈 山 特爾謨山
興安察必達 克沁山 魯克錫爾哈 山 甘珠哈布山
古爾班博爾 龍山 瑪他斯瑪他 哈山 巴圖汗山
努庫台達班 山 多蘭霍羅山 阿勒坦諾墨 爾山

以上外蒙古車臣汗部

肯特山脈

都蘭哈拉山 阿布達蘭台 山 汗山
噶鄂台嶺 渾察沁達班 嶺 特勒爾集嶺
珠爾呼珠山 哈布齊朗圖 山 馬爾載寨坎
巴柳爾台山 肯特山 阿集格克音 特山
托謨爾山 察烏罕蓋山 多拉錫山 乞里雅爾山

以上外蒙古土

巴彥集魯克山
布爾林達班嶺
興安嶺
奇爾薩山

巴彥集魯山
布色山
巴爾哈嶺
拕棱山
托訥山
厄勒莫山

山
額林達班嶺
阿魯鄂羅奈山
奇爾察山
白雲東山

伯粗爾山
哈達瑪爾山
阿坦噶音嶺
巴哈肯台鄂拉嶺
塞爾必嶺

特們胡珠倭爾輝圖山
博羅努山
布爾罕哈勒都那嶺
多羅特山

謝圖汗部　車臣汗部

河流

蒙古幅員遼闊。天氣亢燥。多沙漠而河流甚少。其大者在內蒙古爲黃河。爲西喇木倫河。爲老哈河。爲嫩江。在外蒙古爲克魯倫河。爲敖嫩河。爲色楞格河。爲鄂爾坤河。爲圖拉河。爲札布干河。爲翁金河。爲推河。爲拜塔里克河。在烏梁海爲貝克穆河。在科布多爲科布多河。爲烏隴古河。爲特思河。爲額爾齊斯河。在青海蒙古爲黃河。爲布喀河。爲柴達木河。

一內蒙古之河流

黃河自青海蒙古入甘肅省•又自甘肅省甯夏府北出長城•入內蒙古•東北流•經鄂爾多斯右翼中旗西•東納托蘇圖河•至白塔東•有渡口•白塔者•亦曰定口•鄂爾多斯與阿拉善之通途•又東北分爲二派•一東流•曰南河•一北流•曰北河•北河匯爲騰格里泊•而又分一支曰薩哈齊喀河•三支皆沿阿坦•色爾騰•翁金朔龍等山南麓•東流經鄂爾多斯右翼後旗北•至烏喇特中前後三旗東•復合而東流•南納布爾哈蘇台河•喀喇河•西都爾呼河•經烏喇特旗南•至包頭村•有渡口•包頭村者亦曰巴爾朱城•在河北岸•烏喇特鄂爾多斯阿拉善等旗之貿易場•河套附近一大市鎭也•又東•經鄂爾多斯左翼後旗北•北納博托河•蘇爾哲河•圖爾根河•南納哈拉莽那河•圖爾根河•會合處有渡口•曰托哈托霍托•歸化城與鄂爾多斯之通途也•河流至此折而東南•經鄂爾多斯左翼前旗東•與山西歸化城爲界•自此遂南流•復入長城•爲山西陝西之界•黃河自出長城•北而東•東而南•成一大灣曲•是曰河套•流勢頗緩•非若內地黃河之急•故可行舟楫•鄂爾

多斯部七旗。皆牧於套內。套內土田。肥潤可耕。隨處有引水故道。而年久多淤。然形跡猶存。可攷見往昔農事之盛也。

西喇木倫河。遼河西源也。故亦曰西遼河。又曰潢河。西喇木倫係蒙古語。猶漢言黃河也。源出直隸北界克什克騰旗西。東北流。受諸小水。經克什克騰旗北。巴林旗南。北受喀喇木倫河。又東。經阿魯科爾沁旗南。翁牛特旗北。至敖漢旗境。老哈河自西南合諸水來會。水勢益盛。又東。經札魯特旗南。奈曼旗北。折而東南。分爲二派。未幾復合。經喀爾喀旗北。行科爾沁旗境。而入盛京省。會東遼河。此水下游。河牀廣闊。夏秋二季。常有渡船。若秋水漲溢。則流勢甚急。渡輒往返竟日。而冬季則反之。河冰既堅。人馬可行。十分時已達彼岸。其秋冬氣候之差。與行路之難易。有如此者。問道者所宜注意也。結冰之期。約自十一月下旬至三月下旬。

老哈河。源曰察罕。出明安山。在直隸境。喀喇沁右翼旗南。西南流。折而西北。經巴圖察罕和碩。東西受二水。又折而東北。西受活爾活克河。又東北。經喀喇城。東西受巴爾哈河。又東北。東受五巴河。又東北。西受昆都倫河。又東北。至敖漢旗西。東受喀爾吉河。又東北。有英金河西自翁牛特右翼旗。合溫泉。五谷代河。坤兌河。克勒河。西爾哈河。西伯河。卓孫河。東流來會。水勢始盛。又東北。西受百兒格河。至敖漢旗北。合於西喇木倫。此水之長。與西喇木倫相同。隆冬嚴寒。堅冰數尺。冰底爲之絶流。無須舟楫。車馬可行。

嫩江。亦曰腦溫江。源出黑龍江境伊勒呼里山。東南流。經墨爾根城西。又經齊齊哈爾城西。凡千餘里。入盛京吉林界內。蒙古牧地。經杜爾伯特旗西。札賚特旗東。西會雅爾綽爾二河。水勢大盛。又東南。有陶爾河自西來會。陶爾河者。科爾沁部之巨川也。上源曰烏瓏楚布河。出索岳爾濟山東麓。向東南流。兩岸受水數十。會桂勒爾河。而注嫩江。嫩江既會陶爾。水勢益盛。又東南。經郭爾羅斯前旗北。入吉林省。而合於松花江。此江水勢緩若池泊。自入蒙古界內。而至雅爾綽爾入嫩之處。河牀廣闊。中多島嶼。積沙成洲。星羅棊布。沿岸地勢平坦。江水盛漲時。或潰決。少灌漑之利。而輸輓甚便。自伯都訥至齊齊哈爾。中俄小汽船往來。其間絡繹不絕。

陰山之南北麓與興安嶺之東西麓•有川十餘•或瀦爲泊•或涸於沙•舉其大者•曰巴彥鄂博河•曰錫拉穆倫河•曰固爾班烏斯克河•皆在陰山之北•曰坤都倫河•則在其南•曰綽諾河•曰哈奇爾河•曰郭特爾河•皆在興安嶺之東•曰錫林河•曰雞林河•曰呼魯呼爾河•曰賀魯渾河•曰鄂爾虎河•均在其西•

二外蒙古之河流

克魯倫河•源出外蒙古車臣汗部西境•肯特山脈南麓•當右翼前旗之東•兩源合而西流•北受一水•折向西南•北受衣魯河•集隆河•又西南•抵布色山東南麓•東受特納河•西受特勒爾集河•又西南•經中右後旗西•西受博爾肯河•又西南•沿噶鄂台嶺東麓•直庫倫之東•又西南•經右翼中前旗西•沿巴顏烏喇西麓•至達爾罕山北麓•漸轉向東•有孫可勒河•北自右翼中左旗南流•沙中隱見不常•來注之•又東•至托訥山南麓•有飲馬河之名•河流至此折而東北•經車臣汗旗東北•受他爾集爾河•又東北•折而東•沿厄勒莫山南麓•兩岸皆沙漠•又東•經中左旗北庫魯摸泊•與巴拉斯城南•北岸有小泊•曰杜勒•

又東。折而東北。入黑龍江省界。而匯於呼倫湖。其下流入黑龍江。

敖嫩河。黑龍江之上源也。出肯特山脈之特勒爾集嶺。在外蒙古車臣汗部西北境。當中後旗東。東北流。經中後旗南。中末次旗北。兩岸受水十餘。南岸曰齊札婁河。曰巴爾哈河。曰齊母爾哈河。北岸曰庫野河。曰公吉爾特河。曰阿興阿河。曰鄂博爾哈蘇拉科河。并無名小水四。又東北。有科勒蘇河。南自左翼中旗合二水來注之。又東北。有巴爾集河。北會五水南來注之。河流至此。更轉東北。有布裕克圖河自北來注。又有二小水自北來注。又有克魯。特倫。塔巴爾集等河自北來注。而入俄屬後貝加爾州。其下流即黑龍江。

色楞格河。行於外蒙古三音諾顏土謝圖汗二部。北入俄屬西比里。流域廣大。蒙古第一巨流也。其源有七。北源三。曰托爾和里克河。曰德勒格爾河。皆出烏梁海之唐努山脈東麓。曰布克綏河。出札薩克圖汗部之唐努山脈東麓。托爾和里克河又二源。德勒格爾河又十源。布克綏河又五源。南源四。曰厄得勒河。曰齊老圖河。曰烏里雅蘇台河。

曰阿濟拉克河厄得勒河又七源。齊老圖河又三源。皆出三音諾顏部杭愛山脈東麓。南北七源會合於三音諾顏汗部右翼後旗北而東北流。始稱色楞格河。或仍稱爲齊老圖河。又東北納小水四。至中末旗東南。有哈綏河自西南杭愛山幷數小水合胡伊魯河北流注之。又東北。納小水四。而入土謝圖汗部。有額赫河自西北唐努山脈承庫蘇古爾泊南流注之。水勢大盛。又東北。南納小水三。北納小水三。經右翼左旗北。右翼右末次旗南。中左翼末旗南。鄂爾坤河自南來會。自是水勢益盛。流亦甚急。折向北流。經買賣城商埠西而北。入俄屬後貝加爾州。下游匯於貝加爾湖。爲葉尼塞河上源。此河環流連山之間。長至數千里。闊凡四五十丈。兩岸皆叢柳櫻榆。水淸且深。土人引以資灌溉。上流載三千二百六十餘尺之高地。下流地勢漸低。而河底益深。頗擅輸輓之利。惟輪船不能駛行。若至上流。河心恆有沙洲。帆檣難達。所納大川。以鄂爾坤河額赫河爲最。哈綏河齊老圖河次之。其自會合鄂爾坤河以北。或以鄂爾坤名之。蓋二河源流長闊相若。故既合以下。兩名並稱也。鄂爾坤河。源三。皆出三音諾顏部杭愛山脈東麓。當右翼左末旗之北。一曰姑洛河。一曰阿木勒稽烏林塔河。一曰朱勒爾吉烏里雅台河。三源合而東北。始有鄂爾坤名。經中前旗北。入土謝圖汗部。經西庫倫西折而西北。又經土謝圖汗旗西。西受集爾瑪吉河。又北塔米爾河自西南來會。塔米爾河。亦巨川也。發源杭愛山脈之庫庫嶺。東流。經額魯特前旗中右翼末旗。會庫爾里克河。與小水十餘。行四百餘里。鄂爾坤河既合塔米爾河。仍向西北。折而東北。又折而正北。又折而東北。經額魯特前旗左翼左末旗東左翼前旗西。右翼左後旗北。圖拉河自南來會。水勢大盛。又東北。哈拉河自東南來會。哈拉河亦巨川也。源出肯特山脈之西。支當庫倫西。流經右翼左末旗右翼右末旗。行四百餘里。會通克勒等河。鄂爾坤河又東北。經右翼左旗東。至中左翼末旗東北。與色楞格河會。此河流行土謝圖汗三音諾顏二部之間。凡千六百餘里。長與色楞格相埒。所受川流以圖拉爲最大。塔米爾哈拉次之。其他小川。多不勝紀。水清而淺。舟楫不通。

圖拉河。在土謝圖汗部。二源皆出肯特山西麓。當庫倫東北。一出特勒爾集嶺。其東麓即敖嫩源也•一出小肯特山•其東麓亦敖嫩支流也•二源合而西南•東受小水一•西受小水一•又西南•西受哈溪河•又西南經庫倫東•沿奇爾薩山西麓•又經中旗東•至巴彥集魯克山北•折而西•沿山水深流急•經中旗南•昭莫多（一名東庫倫）北•兩岸樹木林立•折而西北•沿汗山北麓•南受庫爾河•北受烏里雅蘇台河•色爾必河•又折而西南•經中右末旗南•沿都蘭哈拉山•至中右旗北•又折而西北•經中右末旗西•至右翼右末旗西南•有喀咾哈河自南來會•喀咾哈河出左翼左中末旗西南•杭愛山脈北麓•三源合而東北•經中左旗西•土謝圖汗旗東•凡行六百餘里•而會圖拉•亦巨川也•圖拉河既會喀咾哈•又東北•至右翼左後旗東北•而合鄂爾坤•此河縈流土謝圖汗中部•源流殆將千里•

札布干河•流於三音諾顏部•及札薩克圖汗部•與科布多•二源皆出三音諾顏部杭愛山脈西麓•瑪拉哈山•其東麓即哈綏河•與齊老圖河源也•東源曰哈拉河•當左翼左旗北•西源曰奔爾噶蘇台河•當左翼左旗西北•皆向西南•各合五水•經左翼左旗西而會合•又西南•經中後旗南•折而西•行尼魯班禪喇嘛遊牧地•折而西北•亦名布彥圖河•至

阿爾洪山西麓。納特里烏蘇斯河。又西北有烏里雅蘇台河。自中後旗西北流合諸水來注。於右又西北。入札薩克圖汗部。經中右翼末次旗南。又經左翼左旗西。右受空歸河。又西北。入科布多。行科布多牧場北。右承愛拉克泊。左承台哈拉泊。而匯於伊克阿拉克泊。此河凡行千六百餘里。流域廣闊。惜蘆葭叢生。不適耕種。

翁金河。在三音諾顏部東南。與土謝圖汗部西南。源出杭愛山脈之南麓。當右翼左末旗南。右翼中左旗北。其北麓即鄂爾坤河源也。東南流。北受小水二。南受小水一。經中前旗南。入土謝圖汗部。北受小水二。經右翼右旗南。至左翼後旗。而瀦爲胡爾罕鄂倫泊。此河後行沙漠中。源流約六百里。杭愛山脈以南爲最著。

推河。在三音諾顏部。源出杭愛山脈南麓。當三音諾顏旗西。其北麓即塔米爾河之源也。西南流。納小水十餘。經中右旗東。又西南瀦爲鄂羅克泊。推河之東。有塔楚河。長雖亞於推河。亦漠南諸水之大者。其流瀦爲錫拉布里泊。推河附近。氣候溫和。土地肥沃。頗宜耕種。瓜蔬尤著名。元嘗設苑囿於此。爲行遊之地。可知風景之佳也。

拜塔里克河。在三音諾顏部。三源。皆出杭愛山脈庫庫嶺南麓。當中右翼末旗西南。右翼右後旗東南。其北麓即塔米爾河源也。西南流。有査克河自北來會。又西南。有察罕鐵木兒河自東北來會。又西南。出山行平地。經右翼末旗西。左受西尼河。又經右翼中末旗北。而瀦爲察漢泊。察漢泊形如瓜。東西長。南北短。周凡百餘里。

科布多河。行於科布多境。源出阿爾泰烏梁海東阿爾泰山脈。東南流。經杜爾伯特右翼旗南額魯特旗北。又經明阿特旗南。至科布多城北。而入於伊克阿拉克泊。凡經行五百餘里。幷合支水十餘。科布多之經流也。

特思河。在科布多東北境。源出唐努山脈之西南麓。隔山爲貝克穆河之支流。河西行。北岸幷水七。匯於烏布薩泊。長亦五百餘里。

烏隴古河。在科布多南境。源出阿爾泰山脈南麓。隔山即額爾齊斯河之源。河幷十餘川而南。折而西。又折而北。繞土爾扈旗之東之南之西。而匯於赫薩爾巴什泊。長亦五百餘里。

額爾齊斯河。在科布多西南境。源出阿爾泰山脈之陰。東北流。左受花額爾齊斯河等。右受蘇布圖河等諸水。而入俄境。其下游潴爲齋桑泊。爲俄比河之源。

貝克穆河。在唐努烏梁海。二源。皆出噎耳奇克達爾嘎克山脈。南源曰騰吉斯河。在烏梁海東南境。西南流。有烏魯河自東北匯陶托湖來會。又西南。左受布斯河。又西南。右受多集瑪河。又西南。左受巴爾吉河。又西南。左受哈爾吉河。又西南。左受哈羅穆楞河。自是折而西北。亦稱華克穆河。右受小水二。左受小水一。又西北。右受哈羅烏集河而會北源。北源曰貝克穆河。在烏梁海東北境。西南流數百里。左有博爾魯克河來會。又西南流。右有哈穆薩拉克穆河來會。又西南。左受二水。右受一水。而會南源。二源既合。水勢始盛。折而西流。南受謨克什河巴拉克河。謨和爾阿拉爾河。察漢阿拉爾河。札庫爾河。北受伊克克穆河烏蘭烏蘇河。額錫穆河。特穆爾烏蘇河。至布拉漢山西南麓。有克穆齊克河。自烏梁海西南境承札達克等十餘水東北流來會。或曰此貝克穆河之西南源也。貝克穆河至此折而北流。沿阿爾泰山脈東麓。入於俄屬葉尼塞斯科。爲葉尼塞河。其下游入喀拉海。此河環流烏梁海全境。凡行二千三百餘里。流域廣遠。踰色楞格。惟舟楫可通處。則僅在下流。

三青海蒙古之河流

黃河。源出崑崙山脈巴顏哈喇山東麓。在青海西南。北緯三十五度。西經二十度。二泉合而東流。曰阿勒坦河。又東至星宿海。星宿海者。於羣山圍繞中平地有泉千百。並湧。望若列星。故有是名。河又東流。注於札陵池。又東。右受一水。又東注於鄂陵湖。又東折而東南行。哈爾濟山西麓。匝巴顏哈喇山東麓。東受小水八。西受小水八。至瑪穆基托思嶺東北麓。折而東。沿滂馬大雪積石等山南麓。巴顏禿呼馬達巴罕澤巴顏哈拉等山北麓。北受小水四。南受小水四。折而東北。有德特坤都倫多丹達禿多拉坤都倫三河。先後自四川岷山西北流來注之。又東北。繞積石山東麓。折而西北。沿積石大雪滂馬等山北麓。經和碩特前頭旗土爾扈特南前旗南。北受小水四。南受小水廿。又折而東北。繞和碩特南左翼中旗西。受胡魯穆蘇結博二河。又經土爾扈特南中旗東。東受哈克爾河。又東北。西受呼呼烏蘇河。東受碩爾郭爾河。又東北。經和碩特南右翼末旗南。又經輝特南旗南。而東入甘肅省。其於甘肅境內。合大通河洮河二大川。經西甯蘭州甯夏三府。而北出長城。入內蒙古。

布喀河。源曰英額池。池周百五十餘里。出祁連山脈南麓阿木尼厄庫山。當青海西北。東南流。東受哈拉西納河。又東南。西受沙爾池水。折而東。經和碩特北前旗北。綽羅斯北中旗南。北受二水。而匯於青海。此河每當夏季。水恆漲溢。岸闊流深。不可涉。

柴達木河。源曰札遜池。出崑崙山脈阿拉克薩拉山。當青海西南。鄂陵湖東北。土爾扈特西旗西。西流至西拉珠爾格塔拉地。西會阿拉克池。折而北。東受一水。又折而西北。至和碩特西左翼後旗東。有格德爾古河。自東合阿拉河來會。又西北。經和碩特西左翼後旗北。又經西右翼後旗北。又經西右翼中旗北。東受一水。南受一水。又西北。東受烏蘭烏蘇河。又西北。有布隆吉爾河。東承布隆吉爾池。西流來會。又西北。而潴爲達布遜池。是水凡行千餘里。兩岸皆沙磧之平原。或謂爲柴達木平原。俄人布拉第挖斯奇氏云。柴達木平原。昔皆湖沼。青海與新疆之羅布泊。本與此相通。後漸淤斷。今有數截河流。藉可見其形迹。柴達木河。亦其一也。

以上所述。皆係巨川。再將枝流小水。列表如左。

一　內蒙古之河流

黃河	
左受	右受
哈爾哈納河 源三	托蘇圖河 源二
阿坦河	布爾哈蘇台河 源二
博托河	哈喇河
無黨河 源二	西都爾呼河
蘇爾哲河	哈拉莽那河 源二

- 邁達里河
  - 圖爾根河
    - 左受
      - 哈喇烏蘇河（源二）
      - 哲爾德河（源二）
      - 黃水河（源五）
    - 右受
      - 小圖爾根河（源二）
      - 哈爾几河
      - 克魯庫河（源二）
      - 多羅圖河
      - 察蘇河
- 黃甫川
  - 烏蘭木倫河
    - 左受
      - 哈楚爾河
      - 布哈河
        - 左受
          - 舒輝河
      - 哈柳圖河（源四）
    - 右受
  - 烏蘭穆倫河
    - 左受
      - 他克拉布河（源三）
      - 清水河
        - 右受
    - 右受
      - 西拉烏蘇河
        - 左受
          - 納領河

三岔河

西喇木倫河

- 左受
  - 碧落河 源五
  - 喀喇木倫河 源三
    - 左受
      - 郭爾郭爾太河
      - 喀喇烏蘇河
    - 右受
      - 噶爾達蘇太河
        - 左受
          - 空吉爾河
          - 烏里雅蘇太河
  - 養息牧河 源三
- 右受
  - 薩里克河
  - 烏蘭袞河
  - 碧克圖河
  - 拜察河 源三
  - 老哈河 源二
    - 左受
      - 活爾活克河
    - 右受
      - 察罕河

左受

右受
呼渾河三源

巴爾哈河
昆都倫河
英金河
左受
卓孫河
右受
五谷代河三源
西爾哈河三源
左受
坤兑河
右受
克勒河

西爾滸林河
左受
五巴河
哈爾吉河

西伯河

百兒格河

左受

陳德布河

科爾奇勒河

雅爾河

穆爾河

綽爾河

右受

必齊克屯伯爾齊

爾特門河 三源

- 陶爾河
  - 左受
    - 郭圖河
    - 努克圖河
    - 札瑪克圖河
    - 厄黑格錫特河
    - 伊河 二源
    - 庫爾河
    - 庫齊台河
    - 多和倫台河
    - 噶海河 三源
  - 右受
    - 吉布格圖河
    - 特們河
    - 雅爾胡台河
    - 德伯特伊河
    - 桂勒爾河
      - 左受
        - 札肯河
        - 海喇蘇台河
      - 右受
        - 諾們台河

右受
- 烏哈納河
- 圖爾塔爾河

陰山兩麓諸水

北麓
- 西拉木倫河
- 巴彥鄂博河
- 靄布哈河
  - 左受
    - 塔爾渾河
    - 錫拉穆倫河

南麓
- 坤都倫河
  - 左受
    - 蘇拉木倫河
- 布爾哈蘇台河
- 莽阿圖河
- 納林河
- 錫拉珠爾格河

固爾班烏斯克河

哈柳台河

哈拉烏蘇河

左受

右受

波羅差察河

西巴爾台河

三可兒河

右受

隨客河

興安嶺兩麓諸水

東麓

西麓

綽諾河

哈奇爾河
- 左受
  - 伊集扦河
  - 鄂木倫河
    - 右受
      - 郭和蘇太河

郭特爾河
- 左受
  - 札哈珠魯穆河
- 右受
  - 厄里布昆杜倫河
    - 右受
      - 鄂布爾坤都倫河

公古兒河

錫林河

雞林河
- 左受
  - 查爾馬太河
- 右受
  - 小雞林河

呼魯呼爾河
- 左受
  - 阿爾達圖河
- 右受
  - 吳爾圖河

賀魯渾河

因即漢河

鄂爾虎河

左受
- 布丹布拉克河
- 烏爾渾河

二外蒙古之河流

克魯倫河

左受
- 特納河（源二）
- 僧可勒河（源三）
- 他爾集爾河（源二）

右受
- 衣魯河
- 集隆河
- 特勒爾集河
- 博爾肯河

敖嫩河

左受

- 小水四
- 庫野河 源二
- 公古爾特河 源二
- 阿興阿河 源三
- 鄂博爾哈蘇拉科河 源二
- 巴爾集河 源三
  - 左受
    - 哈拉鄂拉河 源二
  - 右受

右受

- 齊札婁河
- 巴爾哈河
- 齊母爾哈河
- 科勒蘇河 源二

庫謨里河

噶勒達台河

齊爾渾河源三

左受

布庫庫穆河

布裕克圖河源二

左受

和爾瑪齊河

右受

集爾伯勒河

尼爾齊魯河

郭車爾台河

克魯河

特倫河
塔巴爾集河

色楞格河 源七

左受
北特里河
哈拉鄂倫河 源三
特里河 源四
額赫河 源三
左受
庫蘇古爾泊河
左受
右受
小水一 源三
小水一

右受
額得爾河
阿察河 源二
哈綏河 源五
左受
小水一 源三
珠薩蘭河 源二
右受
瑚伊魯河
阿爾塔特河

小水一
波羅布爾哈蘇台河
察罕布爾哈蘇台河
小水一
右受
鄂爾坤賽爾河
小水一
小水一
巴圖爾河
左受
畢蘭河
達爾沁圖河 源二
鄂依拉噶河 源二

歐爾河 源二
札達河
巴爾士河
喀拉胡集爾河 源五
布哈河 源二
小水一 源三
鄂爾坤河 別詳後表
楚庫河 按是河會合點已在俄界惟中段則在界上附表如左
左受
庫謨里河
何魯哈當蘇河
烏雅勒喀河

- 克克特河 二源
  - 阿勒伯勒爾河
- 鄂博爾克倫河
- 特爾格河
- 哈爾集蘇台河
- 察漢烏蘇河
  - 阿魯齊都勒河
  - 哈札河
  - 齊克泰河
  - 齊蘭河

鄂爾坤河 三源

- 左受
  - 集爾瑪吉河
    - 右受
      - 博爾哈爾台河
- 右受
  - 鄂爾渾河
  - 喀爾渾木克河
  - 圖拉河 別詳後表

- 塔米爾河
  - 左受
    - 小水四
  - 右受
    - 庫爾里克河 源七
      - 左受
        - 昭穆敦河
        - 小水三
  - 小水一 源三
  - 集蘭布庫里克河
  - 小水一
  - 鄂羅河
  - 哈噶斯厄奇賽音吐魯河 源二

- 哈拉河
  - 左受
    - 納林河
    - 布爾噶台河
    - 渾拉努特河
    - 博羅河
  - 右受
    - 阿塔垓河
    - 小水一
    - 通克勒河 源三
    - 哈達瑪爾 源三
  - 伊羅勒河 源三
  - 布拉河

西拉説博秦河

衣木河

圖拉河

左受

阿拉克坦河

庫爾河

喀咾哈河

左受

右受

哈拉鄂倫河

右受

哈拉圖魯河

紅郭爾河

灰羅河

占必河

左受

弍勒爾集河

右受

哈溪

小水一

札布干河 源二

左受

特里烏蘇斯河

台哈拉泊

烏里雅蘇台河

色爾必河

右受

烏里雅蘇台河

左受

舒魯克河

右受

水一

蘇布拉河

右受

納林河

空歸河
奇勒稽思泊

翁金河

左受
小水四

右受
小水一

推河

左受
小水一
小水一 源二
伊瑪圖河 源三

右受
小水一
烏克克河 源二
水一

伊瑪圖河
哈拉胡吉爾河

額爾德穆圖河源三

塔楚河

左受
右受

水三
水一

拜塔里克河

左受
右受

察罕鐵木兒河
查克河

拍齊罕泊
左受
右受

左受
小水三
小水一

錫尼河

察罕齊齊爾里克河

科布多河

左受

噶斯河

左受

水一

索郭克河

水一

水一

烏里雅蘇圖河

左受

右受

右受

哈拉泊

和托昂泊

塔爾巴泊

小水三

布彥圖河

左受

德倫特河

水一

根德克圖泊

戴舒爾泊

錫博爾沙札海河

特思河

左受

右受

近吉里克河

左受

右受

額爾沁河

塔爾哈河

薩穆噶爾戴河

烏里雅蘇圖河

水一

古爾班錫博里克河

烏隴古河

左受

索爾必河

左受

岳羅圖河

右受

哈拉圖泊

托賴圖河

水一

特穆爾圖河

察罕河

左受

小水二

右受

青吉爾河

貝克穆河

- 左受
  - 左源
    - 左受
      - 烏魯河
      - 布斯河
      - 巴爾吉河
      - 哈爾吉河
      - 札噶台泊
      - 右受
        - 哈拉穆楞河
    - 右受
      - 多集瑪河
      - 小水一
      - 哈羅烏集河
- 右受
  - 右源
    - 左受
      - 博爾魯克河
      - 庫克穆河
      - 水一
      - 水一
    - 右受
      - 阿薩斯河
      - 哈穆薩拉
      - 右受
        - 伯德克穆河
      - 伊博克河
  - 圖蘭河
    - 右受

吹河

小水三

諤克河

諤什克河

烏蘭烏蘇河

右受

圖爾根河

額錫穆河

特穆爾烏蘇河

巴拉克河

諤和爾阿拉爾河 二源

察罕阿拉爾河 二源

札庫爾河 四源

克穆齊克河

左受

阿拉斯河

右受

吹河

阿克河

水一

右受

巴爾魯克河

集爾噶胡河

札達克河

右受

坤特爾格衣河

額爾齊斯河

左受

花額爾齊斯河

阿爾克台河

右受

蘇布圖河

古爾圖河

奇蘭河

三青海蒙古之河流

黄河

左受	右受
納林奇蘭河 漢達該圖河	克穆齊克河

庫魯圖河

博爾集河源二

哈巴河

阿爾噶克巴河源三

左受	右受

小水二
小水三
哈爾吉河
小水一
沙爾河
小水二十二
圖生圖河
小水三
胡魯穆蘇河

右受
圖生圖河 源五
左受

圖爾根河 源二
鄂羅庫河

右受
哈拉河

庫蘭河
小水一
沙克河
哈拉河
小水一
塔哈爾瑪克河
烏指河

得爾登河

結博河 源三

左受

薩爾哈布齊海河

呼呼烏蘇河 源三

左受

衮額爾奇河

大通河 其會合點已在甘肅境而發源處則在青海蒙古之東北坿表如左

左受

小水十

右受

小水八

西甯河

西拉河

巴爾胡河

德特坤都倫河

多丹達禿河

多拉坤都倫河

小水二

小哈柳圖河 源二

大哈柳圖河 源四

哈克圖河

右受

圖爾根河

碩爾隆河

博羅中克克河

庫克河

碩爾郭爾河

布喀河

左受

哈拉西納河

羅色河

左受

齊瑪爾台河

右受

西爾哈河

右受

沙爾池

柴達木河

左受
阿拉克池
札克多渾河

右受
水一
格德爾古河 源三
水一
烏蘭烏蘇河
布隆吉爾河

湖澤

蒙古湖澤甚多。或環萬山之中。地勢窪下。泉瀦而成。若青海。烏布薩等是也。或以沙漠乾燥。河流涸頓而成。若察罕。胡爾罕。鄂倫等是也。計其大者。於內蒙古有達里泊。於西套蒙古有吉蘭泰鹽池。於外蒙古有貝爾池。呼倫池。有胡爾罕鄂倫泊。有察罕泊。鄂羅克泊。錫拉布里都泊。特爾們池。尾袞池。桑金達賴泊。察罕克爾泊。於科布多有烏布薩泊。伊克阿拉克泊。赫薩尕巴什泊。於烏梁海有庫蘇古爾泊。於青海蒙古有青海鹽池。

有札陵池。鄂陵湖。

一內蒙古之湖澤

達里泊。又名捕魚兒海子。或稱達里諾爾。諾爾者。蒙古語泊也。在陰山山脈臥龍山北麓。當阿巴哈納爾右翼旗。南據四千二百尺之高地。周百餘里東北有公古兒河。西北有魁屯河。西南有野豬河。東南有岡愛諾爾。皆注於泊。泊水常盈。且含鹽分。冬季結冰三尺。四五月間方解。中有島嶼。魚族水禽多且大。頗擅漁獵之利。水禽多鴨雁白鳥鳧鷗。魚族多滑子魚。五六月間。溯流而進。河渠爲之塡塞。克什克騰阿巴噶阿巴哈納爾諸部。皆賴其利焉。

吉蘭泰鹽池。在阿拉善額魯特旗北。周百餘里。地於阿拉善爲最低。然出海面已三千一百尺矣。坿近草木稀少。風景寂寞。池中產鹽甚多。池畔凝鹽自二尺以至六尺。遠望之白如積雪。故甚易採取。無曬煮之勞。誠天賦之財源也。鹽質潔白良美。號曰吉鹽。輸入漢地。銷路甚廣。陝甘多用之。殆駕潞鹽之上。蓋質既純美。而路又近也。鄂爾多斯蘇尼特諸部。亦皆產鹽而少。且不如吉鹽美。鹽池之利。爲阿拉善親王所專。派吏督之。徵其什九。若盛夏炎熱則中輟。

二外蒙古之湖澤

貝爾池。亦曰布伊爾湖。在車臣汗部東境。與黑龍江爲界。巨澤也。池在中右旗東。左翼後末旗西。形如瓜瓠。自東北至西南。徑百四五十里。東西徑七十里。上承喀爾喀河。而自正北流出。爲烏順河。通於呼倫池。喀爾喀河出黑龍江境興安嶺山脈中。行千餘里。亦巨川也。

呼倫池。亦曰闊灤海子。在車臣汗東境。與黑龍江爲界。亦巨澤也。自西南而東北。長二百餘里。東西闊百餘里。周可五六百里。東南受烏順河。西南受克魯倫河。而自東北流出。爲額爾古納河。其下流入黑龍江。

胡爾罕鄂倫泊。在土謝圖汗部南境。當左翼後旗南。周約三十里。翁金河所瀦也。泊之東北。岡阜起伏。其西南廣漠無垠。

察罕泊。鄂羅克泊。錫拉布里都泊。皆在三音諾顏部西南境。三泊大小相若。距離不遠。察罕泊爲最大。周約百五十里。形如瓜。當右翼中末旗西南。拜塔里克河所瀦也。次爲鄂羅克泊。在察罕泊東南。周亦百餘里。推河所瀦也。又次爲錫拉布里都泊。又在鄂羅克泊東南。周亦百餘里。塔楚河所瀦也。又察罕泊與鄂羅克泊間。有奔察罕泊。周約二十里。

特爾們池。尾袞池。皆在札薩克圖汗部東北境。當左翼右旗南。形如蝌蚪。尾袞在北。特爾們在南。中隔一嶺。二池各受一小水。皆出其西南杭愛山脈中。

桑金達賴泊。在札薩克圖汗部東北境。當左翼中右旗西北。左翼中左旗東南。南北徑約百里。東西半之。泊水渟瀦不流。四周無水注入。

察罕克爾泊。在札薩克圖汗部南境。南受一水。其西北有錫爾哈泊。當輝特旗西。中翼右末旗東。亦南受一水。二泊之西。小泊甚夥。舉其著者。曰蘇底泊。曰伊克斯泊。曰古爾瑪特泊。曰通奇爾泊。曰阿穆塔台泊。曰綽和爾泊。曰阿拉克泊。曰圖爾庫爾泊。曰博格爾泊。

烏布薩泊。在科布多北境。當杜爾伯特左翼旗與輝特下後旗之北。長凡二百里。闊亦百餘里。外蒙古湖澤。此爲最巨。唐努山脈。屏幛其北。阿爾泰支脈。蜿蜒其南。所受河流甚夥。在東爲特斯河。爲額爾吉呼河。在北爲特里河。爲伊爾博台河。爲博爾河。爲漢達格圖河。在西爲布魯奢河。爲薩克里哈拉河。在南爲喀喇奇拉河。爲納林蘇穆河。泊之四周。帆檣甚便。

伊克阿拉克泊。亦曰慈母湖。康熙間大軍討準噶爾。酋長噶爾丹敗遁至此。漁以爲生。因有此名。泊在科布多東境。當科布多城東。東西長。南北短。袤凡百五十里。廣約七十里。外蒙古次大之湖澤也。東北有水。爲札布干河。下游。北通愛拉克奇勒替思二泊。南通台哈拉泊。四泊相通。而伊克阿拉克爲最大。台哈拉次之。愛拉克又次之。奇勒替思又次之。泊之西有水焉。曰科布多河。源出阿爾泰山。流域甚廣。阿爾泰烏梁海七佐領。輝特下前旗。杜爾伯特右翼十一旗。額魯特旗。明阿特旗。皆牧於其旁。或謂此地昔沈水底。故地勢卑下。川澤繁多。草類茂盛。便於畜牧。至樹木則惟楊柳而已。坿近池沼甚多。而大者絕少。蓋空氣乾燥。則湖水蒸騰矣。

赫薩爾巴什泊。在科布多南境。阿爾泰山脈之陽。廣約百里。袤倍之。烏隴古河所匯也。泊據科布多與新疆界上。自泊而東南。爲土爾扈特之牧地。自泊而西北。即新疆矣。

庫蘇古爾泊。在唐努烏梁海東境。泊據山腰。高於海面五千六百七十尺。東西狹。南北闊。袤約百五十里。廣凡六十里。巨澤也。中有島嶼。曰魁博爾多克山。環湖周圍亦皆山也。望之若屏幛然。北有五水。發源於唐努山脈之穆遜山。南流入泊。泊又南出。曰額赫河。凡行千里而注於色楞格。亦巨川也。泊西有口。通於貝克穆河。

三青海蒙古之湖澤

青海。亦曰庫庫諾爾。周凡五百餘里。峰巒重疊。縣亙四周。風景明媚。湖水常盈。惟水含鹽味。故不可飲。四圍受水十餘。而布喀爲最巨。湖有小島二。東曰魁遜陀羅海山。西曰察罕哈達山。兩山遙峙。形如牛角。島有喇嘛廟。番僧甚衆。以湖水結冰。年必四閱月。故屆結冰時。番僧準備一年之糧。湖產奇魚。形圓無鱗。而有黑點。青海之特產也。

鹽池。在青海西南。周數十里。南受柴集河。北受一小水。池雖不甚大。而產鹽頗多。池畔積鹽厚至尺外。土人多業於此。或運至西甯等地。與內地商賈易貨。凡青海蒙古與西甯府及各番族。皆食此鹽。

札陵池。鄂陵湖。皆在黃河上流。札陵西受河源。而東南流出。通於鄂陵。又自鄂陵流出。即黃河上流。二湖大小相若。元史所謂阿剌腦兒者也。

以上所載。皆屬巨浸。此外池泊尚夥。列表如左。

一內蒙古

陰山麓	騰格里泊 有支口支曰哈爾哈納河口爲
所在部落	
祁連山麓	東居延海 西居延海 有支無口支曰
所在部落	
阿拉善山麓	阿拉善山脈坿近有吉蘭泰鹽池外別無湖澤
所在部落	
興安嶺山麓	活來庫勒鄂 模達罕泊
所在部落	阿巴 噶阿 巴哈

黃河
活育兒大泊
杜勒泊
台布拉克泊
皆無支口
察罕泊
無口支爲錫拉穆倫河
照哈淖爾
烏喇特旗

布穆巴泊
皆無支口
代哈泊
無口支曰莽阿
察哈爾部

坤都倫河河之上源有二東曰額濟納西曰托賴
古爾乃泊
大苦湖
騙馬湖
沙棗湖
豐盈大泉
均無支口
昌甯湖
無口支曰水磨川

魚海
阿拉

惟河套中有湖澤七雖不在阿拉善之麓要與是山爲近故附此
柏木泊
有支口支曰伊克托蘇圖河口入黃河
鄂爾吉虎泊
無口支曰西拉木倫河
錫拉布里多泊
無口支曰托賴
鄂爾多斯部

沖利兒泊
皆無支口
納爾部
差達母泊
支曰錫林河無口
浩齊特部

阿達阿泊
無口支爲巴魯古爾河
太布蘇圖泊
無口支爲哈奇爾河
阿魯科爾沁部

察罕泊
無口支爲郭特爾河
科爾沁部

圖曰布爾哈蘇台

奇爾泊
無口支曰納林曰錫拉珠爾格

昂古里湖
無口支曰哈柳台河曰哈拉烏蘇河

烏蘭湖
無支口

克勒湖
無口支曰三可兒河

無口支曰郭河

白海
有支無口

善額魯特旗

河曰鄂蘭河

納馬代泊
無口支曰哈錫拉克河

哲格蘇台泊
有支口支曰哈拉莽鼐河口入黃河

呼蘇台泊
無支口

巴爾哈遜泊
無口支曰坎泰

吉倫泊

科布爾察罕湖
均無支口

錫拉布里都泊
無支口

烏珠穆沁部

大馬湖	
庫勒湖	
古老湖 均無支口	
杜勒鄂模	
袞泊 均無支口	
搜集鄂模	蘇尼特部
海喇烏蘇	
伊肯鄂模	
盔蘇鄂模	
噶札爾圖鄂模	

阿魯壘差達
木鄂模
古爾板馬塔
爾鄂模
活要兒呼蘆
蘇太鄂模
活絡海土鄂
模
胡魯蘇圖鄂
模
呼蘆蘇太鄂
模

噶札兒圖鄂模

波羅活几爾鄂模

哈達圖鄂模

徹根鄂模

太布蘇圖徹根鄂模

活兒波鄂模

昂衣兒圖鄂模

和碩模克鄂

模
噶爾圖鄂模
袞託羅海鄂模
阿蘆蘇太呼
親鄂模
均無支口
庫爾察漢泊
無口支爲固爾班烏斯克河

二外蒙古

阿爾泰山麓	所在部落	唐努山麓	所在部落	杭愛山麓	所在部落	肯特山麓	所在部落

赫薩爾巴什泊	無口支爲烏隴古河	科布多
哈拉泊	無支口爲青吉爾河通烏隴古河	
哈拉圖泊	無支口通烏隴古河	
托爾博泊	無支口入塔爾巴泊水通科布多河	
哈拉泊	無支口曰和賴河與額爾格胡河德布色爾河會爲額爾吉呼河通烏布薩泊	科布多
西哈拉泊	均無支口	烏梁海
東哈拉泊		
阿爾該泊		
齊特爾泊		
札噶台泊	無支口通貝穆克穆河	
鄂爾哲依圖泊	無支口通色楞格河南源齊老圖河	札薩克圖汗部
台魯爾倭赫泊	有支口即塔米爾河通鄂爾坤河	
察罕泊	有支口即集爾瑪干河通鄂爾坤河	
阿蘇圖泊		
西袞泊	均無支口	土謝圖汗部
東袞泊		
噶老台泊	無支口	車臣汗部
哈喇泊	無支口入紅郭爾河通圖拉河	土謝圖汗部
齊蘭泊	均無支口	
袞泊		
鈒達木泊		
庫魯讓泊		車臣

塔爾巴泊
無支口通科布多河
和通泊
無支口入和託昂泊水通科布多河
和託昂泊
有支口支二皆無名口通科布多河
輝漢泊
無支口通和託昂泊
哈拉泊

特里泊
有支口曰巴爾吉河通貝克穆河
古音泊
無支口
陶託泊
有支口支三曰烏魯河曰齊錫布特河曰哈爾河口通貝克穆河
庫蘇古爾泊
有支口支三曰杭哈河曰錫爾

伊克圖庫穆泊
喀里泊
均無支口
胡爾罕鄂倫泊
有支無口見前
塔爾渾差達泊
庫庫車爾泊
烏蘭達布蘇泊

車臣汗部

杜勒泊
均無支口
塔里泊
無口有支二曰烏爾再河曰伊瑪爾和河烏爾再又三支最長者曰珠齊珠齊又四支
察漢泊
達爾遜泊
均無支口

汗部

無支口通科布多河

龔郭特池

哈克泊

均無支口

鄂衣郭爾泊

哈克諾爾

均無支口

戴舒爾泊

無支口入烏里雅蘇圖河通科布多河

根德克圖泊

無支口入烏里

河曰和羅河杭哈和羅又二源口通額赫河歸色楞格河

哈拉伯魯克泊

有支口即貝克穆河北源

圖集泊

有支口曰阿薩斯河通貝克穆河

特爾里克泊

無支口爲哈穆薩拉克穆河通貝克穆河

錫拉布里都泊

胡魯蘇台察罕泊

均無支口其間有古圖爾布拉克察罕布拉克錫巴爾圖舍里僧森舍里察罕齊老圖碑哈拉莽奈哈必爾漢舍里諸水

雅蘇圖河通科布多河

沙札海泊

支口皆爲烏里雅蘇圖河

鄂魯克泊

無口支曰哈爾吉河

巴哈泊

無支口

烏克魯克泊

巴什克穆泊

蘇特泊

均無支口

烏梁海

齊齊克泊 無口支曰薩拉布拉克其西有古爾班沙札海與阿玉齊河

察罕泊

伊樂爾泊 均無支口其間有齊爾干布拉克額噶里拜布拉克克布克布拉克虧蘇布拉克四水

東齊爾泊

綽和爾泊

札薩克圖汗部

花胡魯烏里

雅蘇泊

神塔木哈泊均無支口其南有明按烏蘇哈拉烏蘇庫爾圖哈拉烏蘇特古里克諸水

蘇底泊

伊克斯泊

古爾瑪特泊

特里哈吉泊

通奇爾泊

阿穆塔台泊

札薩克圖汗部

均無支口其北有西都里烏蘇東都里烏蘇古爾班集爾噶朗古爾班沙拉博格爾烏蘇諸水

錫爾哈泊

察罕克爾泊

塔集爾干泊

均有支無口

阿拉克泊

圖爾庫爾泊

博格爾泊

均有支無口其

間有阿魯搜集
塔爾納林託壘
薩克薩圖古里
克諸水

古集野泊
有支口曰特里
烏蘇河通科布
多河

三音
諾顏
部

察罕泊

鄂羅克泊

錫拉布里多泊

均有支無口見[illegible]
前

莽察罕泊

胡里穆圖克

博爾泊

均無支口

推察罕泊

無支口通拜塔里克河

克庫泊

有支無口支曰伊羅河其西有納壘河

布克薩泊

無口支二一曰納瑪爾沙拉海一無名

科布多

愛拉克泊

有支口支通奇勒稽思泊口通伊克阿拉克泊

奇勒稽思泊

無支口通愛拉克泊

和思巴婁泊

無支口

古薩爾泊

無支口入納林蘇穆河通烏布薩泊

哈拉泊

無口支曰謨和

札薩克圖

爾空歸河長約四百里

汗部

噶順池

圖都哈拉池

達蘭圖魯池

哈拉泊

均無支口

都魯泊

無支口其南有特爾格里河

布色特哈拉池

無支口其東有烏拉克欽河

池名	支口	所在部落
尾袞池	有支無口	
特爾們池		

三青海蒙古

崑崙山麓		所在部落
庫庫賽池	無口支與池同名	和碩特西右翼中旗
舒合池	無口支與池同名	
達布遜池		和碩特北
布隆吉爾池		
英額池	無支口即布喀河通青海	
沙爾池	無支口通布喀河	
胡魯池	無口支曰阿里	
哈拉池	無支口	
東博爾池		和碩特西前旗北左末旗
西博爾池	均有支無口	
鹽池	有支無口見前	
阿拉克池		土爾扈特西旗
札遜池	二池相通有水曰柴達木河	
都勒泊	無支口	
巴哈泊		和碩特東

二池相通即布隆吉爾河通柴達木河

左翼旗北右末旗　哈河　額勒蘇池　無口支曰布隆吉爾河　無支口　上旗

沙漠

蒙古之沙漠。占全土殆三分之一。蒙古謂爲戈壁。漢人稱曰瀚海。東起興安嶺西麓。當內蒙古外蒙古黑龍江邊境。西盡天山東端。當西套蒙古外蒙古新疆邊境。自東北迆向西南。斜亙內外蒙古間。長自東經四度至西經三十六度。凡三千六百里。闊自北緯三十七度至四十八度。或千二百里。或二千二百里。地勢高於海面約四千尺。而平坦廣闊。四邊接天。道經其間。一望無際。然童巖禿邱。乍起乍伏。宛若大洋中島嶼。湖澤亦滿布。若其中央。則數千里間不見一水。雖盛夏大雨後。不半日而盡涸。水跡難尋矣。其土性之乾燥如此。以故無從耕種。不宜畜牧。景物凋零。杳無人跡。惟自張家口至庫倫所經。有驛站。備水草。稍熱鬧。附近各部遊牧其間。貧者或賣芻草獸糞。供給商隊。以爲生計。獸糞者沙漠間燹以代薪木者也。品雖下。價甚貴。世每以賤物方糞土。而蒙古反貴之。豈意想所及哉。至其氣候。夏則酷暑如焚。冬則沍寒凛烈。秋冬間勁風一起。揚沙拔木。故沙漠中無大樹。惟夏雨潴低地。則剛草叢生。高至數尺。質如鐵線。以能禦大風。故得獨存。漠中植物。此爲最大。動物亦甚尠。禽惟沙雉雲雀烏鴉。獸多麋鹿鼴鼠。鴉具特性。異於內地。旅行沙中。鴉每飛隨。伺間則毀行李。攫食物。頗爲行旅害。鼴鼠一名黃鼠。天氣溫暖。則出穴。見人則前足向上。如拱揖然。故亦曰禮鼠。麋鹿之出也。必羣而行。天性善防也。漠南烏珠穆沁等旗。沙土混雜。草木繁茂。頗宜耕種。人多定居。阿拉善額濟納產石二類。一爲赤色沙石。一則玲瓏透明。人多寶之。

氣候

蒙古位北半球之中。當地球行雙女巨蟹獅子三宮時。太陽直照。徑受日光。而沙漠曠野。空氣乾燥。故夏季患酷暑。若地球行人馬摩羯寶瓶三宮時。太陽斜照。僅受餘光。而廣漠平原。溫氣易散。故冬季又苦嚴寒。且四季之長短不均。大抵春秋皆祇一月。夏凡兩月半。餘皆冬令矣。世人謂蒙古祇春夏二季。職是故也。當秋氣之將殘也。輒有暴風雨。既而轉暖一二次。即變爲隆冬氣候。若春季之氣候變化尤甚。當清和之日。華氏表升至八十九度時。雷一發聲。忽行夏令。至於日暮。又降氷點。華氏表落至八度半。冷風俄起。寒氣總至。遂紛紛飛雪。不半日間。差至九十餘度。雖然此其大致耳。蒙古疆域遼闊。地勢既高下不齊。山脈又縱橫不一。氣候因之而各異。即如阿拉善平原。於十月中秋氣尚未盡。而一踰哈那那林烏拉山。寒氣即酷烈。俄屬西比里十二月始雪。而此地則十一月初旬即已雨雪。俄頃之間。竟積數尺。華氏表亦降至十六度矣。此因山脈之向背而異者也。又如黃河附近。於十一月中旬。依然秋景。尚未見雪。晝間頗溫暖。而高原已常有冰點矣。至於夏季。亦高原最熱。此因地勢之高下而異者也。然寒暑俱酷烈。而空氣甚乾燥。則蒙古全部皆同。故印度之酷熱。西比里之嚴寒。蒙古兼而有之。行人所宜預防也。且蒙古終歲有風。清和之日少。秋冬間多西北烈風。在沙漠高原爲尤甚。當其風之起也。捲草木。飛沙礫。遮蔽天日。白晝爲晦冥。咫尺莫能辨。七八月之間多雨。

冬季多雪。此亦行人所不可不知也。

蒙古較漢地高數千尺。故氣候大相懸殊。漢地春色已濃。蒙古尚堅冰未解也。然其接近漢地處。受溫暖氣候之影響。於晴朗之日。有西南微風傳送暖氣。故十二月中天陰之夜。華氏表在二十度半。而晝間忽升至三十度半。然若西風轉爲西北風。則寒氣驟加。降至零度下二十一度半矣。在西南部蘇門哈達山附近。當五月中。漢地爲初夏。而此地春色未闌。時或雨雪。則驟寒。若西北風起。其力無異初春。故草木發生甚遲。播種較漢地率後兩月。須五月下旬或六月上旬云。

俄人布拉第挖斯奇氏。嘗偏歷蒙古東南部北部。每於日陰處實測其氣候。依華氏表表其寒暑度數如左。

一月	半度
二月	二十度三分
三月	三十四度九分半
四月	四十八度四分半
五月	六十三度半
六月	六十八度
七月	八十一度半
八月	七十七度
九月	六十度一分四分之一
十月	四十三度〇四分之一
十一月	五度二分四分之一
十二月	二度七分半

蒙古各地•或居東經•或居西經•其在東經者•交節較京都遲•在西則較早•茲據光緒二十八年欽天監時憲書所推每月中氣•列其時刻如左•

中氣時刻表

表中各地以經度爲次先東後西

節	地	京都	郭爾羅斯
雨水	正月十二日	亥初二刻六分	亥正初刻九分
春分	二月十二日	亥初初刻十二分	亥初三刻
穀雨	三月十四日	巳初初刻八分	巳初二刻十一分
小滿	四月十五日	巳初初刻六分	巳初二刻九分
夏至	五月十七日	酉初二刻三分	酉正初刻六分
大暑	六月二十日	寅正二刻八分	卯初初刻十一分
處暑	七月二十一日	午初二刻四分	午正初刻七分
秋分	八月二十三日	辰正三刻七分	巳初一刻十分
霜降	九月二十三日	酉初二刻六分	酉正初刻九分
小雪	十月二十四日	未正一刻八分	未正三刻十一分
冬至	十一月十四日	丑正三刻十二分	寅初二刻
大寒	十二月十三日	未初初刻十分	未初二刻十三分

札賚特	杜爾伯特	札魯特 奈曼	科爾沁	敖漢	阿嚕科爾沁	巴林
亥正初刻七分	亥正初刻一分	亥初三刻十一分	亥初三刻九分	亥初三刻七分	亥初三刻六分	亥初三刻
亥初二刻十三分	亥初二刻七分	亥初二刻二分	亥初二刻	亥初一刻十三分	亥初一刻十二分	亥初一刻六分
巳初二刻九分	巳初二刻三分	巳初一刻十三分	巳初一刻十一分	巳初一刻九分	巳初一刻八分	巳初一刻二分
巳初二刻七分	巳初二刻一分	巳初一刻十一分	巳初一刻九分	巳初一刻七分	巳初一刻六分	巳初一刻
酉正初刻四分	酉初三刻十三分	酉初三刻八分	酉初三刻六分	酉初三刻四分	酉初三刻三分	酉初二刻十二分
卯初初刻九分	卯初初刻三分	寅正三刻十三分	寅正三刻十一分	寅正三刻九分	寅正三刻八分	寅正三刻二分
午正初刻五分	午初三刻十四分	午初三刻九分	午初三刻七分	午初三刻五分	午初三刻四分	午初二刻十三分
巳初一刻八分	巳初一刻二分	巳初初刻十二分	巳初初刻十分	巳初初刻八分	巳初初刻七分	巳初初刻一分
酉正初刻七分	酉正初刻一分	酉初三刻十一分	酉初三刻九分	酉初三刻七分	酉初三刻六分	酉初三刻
未正三刻九分	未正三刻三分	未正二刻十三分	未正二刻十一分	未正二刻九分	未正二刻八分	未正二刻二分
寅初一刻十三分	寅初一刻七分	寅初一刻二分	寅初一刻	寅初初刻十三分	寅初初刻十二分	寅初初刻六分
未初二刻十一分	未初二刻五分	未初二刻	未初一刻十三分	未初一刻十一分	未初一刻十分	未初一刻四分

喀喇沁翁牛特	烏珠穆沁克什克騰	浩齊特阿巴哈納爾阿巴噶	蘇尼特	克魯倫	四子部落	歸化城土默特
亥初二刻十四分	亥初二刻十一分	亥初二刻八分	亥初二刻	亥初一刻十分	亥初一刻四分	亥初一刻二分
亥初一刻五分	亥初一刻二分	亥初初刻十四分	亥初初刻六分	亥初初刻一分	戌正三刻十分	戌正三刻八分
巳初一刻一分	巳初初刻十三分	巳初初刻十分	巳初初刻二分	辰正三刻十二分	辰正三刻六分	辰正三刻四分
巳初初刻十四分	巳初初刻十一分	巳初初刻八分	巳初初刻	辰正三刻十分	辰正三刻四分	辰正三刻二分
酉初二刻十一分	酉初二刻八分	酉初二刻五分	酉初一刻十二分	酉初一刻七分	酉初一刻一分	酉初初刻十四分
寅正三刻一分	寅正二刻十三分	寅正二刻十分	寅正二刻二分	寅正一刻十二分	寅正一刻六分	寅正一刻四分
午初二刻十二分	午初二刻九分	午初二刻六分	午初一刻十三分	午初一刻八分	午初一刻二分	午初一刻
巳初初刻	辰正三刻十三分	辰正三刻九分	辰正三刻一分	辰正二刻十一分	辰正二刻五分	辰正二刻三分
酉初二刻十四分	酉初二刻十一分	酉初二刻八分	酉初二刻	酉初一刻十分	酉初一刻四分	酉初一刻二分
未正二刻一分	未正初刻十三分	未正初刻十分	未正一刻二分	未正初刻十二分	未正初刻六分	未正初刻四分
寅初初刻五分	寅初初刻二分	丑正三刻十四分	丑正三刻六分	丑正三刻一分	丑正一刻十分	丑正一刻八分
未初一刻三分	未初一刻	未初初刻十二分	未初初刻四分	午正三刻十四分	午正一刻八分	午正三刻六分

喀爾喀	茂明安	烏喇特	鄂爾多斯	圖拉河汗山	阿拉善	鄂爾坤額爾德尼昭
亥初初刻十二分	亥初初刻十一分	亥初初刻十分	亥初初刻四分	戌正三刻十四分	戌正三刻三分	戌正二刻十四分
戌正三刻三分	戌正三刻二分	戌正三刻一分	戌正二刻十分	戌正二刻五分	戌正一刻九分	戌正一刻五分
辰正二刻十四分	辰正二刻十三分	辰正二刻十二分	辰正二刻六分	辰正二刻一分	辰正一刻五分	辰正一刻一分
辰正二刻十二分	辰正二刻十一分	辰正二刻十分	辰正二刻四分	辰正一刻十四分	辰正一刻三分	辰正初刻十四分
酉初初刻九分	酉初初刻八分	酉初初刻七分	酉初初刻一分	申正二刻十一分	申正三刻	申正二刻十一分
寅正初刻十四分	寅正初刻十三分	寅正初刻十二分	寅正初刻六分	寅正初刻一分	寅初三刻五分	寅正一刻三分
午初初刻十分	午初初刻九分	午初初刻八分	午初初刻二分	巳正三刻十二分	巳正三刻一分	巳正二刻十二分
辰正一刻十三分	辰正一刻十二分	辰正一刻十一分	辰正一刻五分	辰正一刻	辰正初刻四分	辰正初刻
酉初初刻十二分	酉初初刻十一分	酉初初刻十分	酉初初刻四分	申正三刻十四分	申正三刻三分	申正二刻十四分
未初三刻十四分	未初三刻十三分	未初三刻十二分	未初三刻六分	未初三刻一分	未初二刻五分	未初二刻一分
丑正二刻三分	丑正二刻二分	丑正二刻一分	丑正一刻十分	丑正一刻五分	丑正初刻九分	丑正初刻五分
午正三刻一分	午正三刻	午正二刻十四分	午正二刻八分	午正二刻三分	午正一刻七分	午正一刻三分

推河	戌正二刻五分	戌正初刻十一分	辰正初刻七分	辰正初刻五分	申正二刻二分	寅初二刻七分	巳正二刻三分	辰初三刻六分	申正二刻五分	未初一刻七分	丑初三刻十一分	午正初刻九分
桑金達頼	戌正二刻一分	戌正初刻七分	辰正初刻三分	辰正初刻一分	申正一刻十三分	寅初二刻三分	巳正二刻十四分	辰初三刻二分	申正二刻一分	未初一刻三分	丑初三刻七分	午正初刻五分
烏里雅蘇台城	戌正初刻五分	戌初二刻十一分	辰初二刻七分	辰初二刻五分	申正初刻二分	寅初初刻七分	巳正初刻三分	辰初一刻六分	申正初刻五分	午正三刻七分	丑初一刻十一分	午初二刻九分
札哈沁	戌正初刻三分	戌初二刻九分	辰初二刻五分	辰初二刻三分	申正初刻	寅初初刻五分	巳正初刻一分	辰初一刻四分	申正初刻三分	午正三刻五分	丑初一刻九分	午初二刻七分
唐努烏梁海	戌初三刻十三分	戌初二刻四分	辰初二刻	辰初一刻十三分	申初三刻十分	寅初初刻	巳初三刻十一分	辰初初刻十四分	申初三刻十三分	午正三刻	丑初一刻四分	午初二刻二分
杜爾伯特部	戌初三刻八分	戌初一刻十四分	辰初一刻十分	辰初一刻八分	申初三刻五分	丑正三刻十分	巳初三刻六分	辰初初刻九分	申初三刻八分	午正二刻十分	丑初初刻十四分	午初一刻十二分
科布多城	戌初三刻二分	戌初一刻八分	辰初一刻四分	辰初一刻二分	申初二刻十四分	丑正三刻四分	巳初三刻	辰初初刻三分	申初三刻二分	午正二刻四分	丑初初刻八分	午初一刻六分

阿爾泰烏梁海	烏隴古河 赫色勒巴斯淖爾	額爾齊斯河
戌初二刻十二分	戌初二刻九分	戌初一刻十一分
戌初一刻三分	戌初一刻	戌初初刻二分
辰初初刻十四分	辰初初刻十一分	卯正三刻十三分
辰初初刻十二分	辰初初刻九分	卯正三刻十一分
申初二刻九分	申初二刻六分	申初一刻八分
丑正二刻十四分	丑正二刻十一分	丑正一刻十三分
巳初二刻十分	巳初二刻七分	巳初一刻九分
卯正三刻十三分	卯正三刻十分	卯正二刻十二分
申初二刻十二分	申初二刻九分	申初一刻十一分
午正一刻十四分	午正一刻十一分	午正初刻十三分
丑初初刻三分	丑初初刻	子正三刻二分
午初一刻一分	午初初刻十三分	午初初刻

蒙古各地。或視京都偏北。或視京都偏南。故太陽出入時刻各異。其偏北者。冬至日出恆遲於京都。而日入較早。夏至日出恆早於京都。而日入較遲。偏南則反是。若唐努烏梁海地望最北。以視京都。冬至晝愈短。夏至晝愈長。其差爲一點一刻十三分。而以阿拉善較之。則冬至晝反長於京都。夏至晝反短於京都矣。茲推其太陽出入。與夫晝夜長短之時刻。分列如左。

太陽出入表

表中各地。以緯度爲次。先北後南。太陽出入。逐日不同。所載時刻。但著交節日。餘可類推。後表準此。

地／節		京都	唐努烏梁海	杜爾伯特 桑金達賴 額爾齊斯河 青特 呭爾泰烏梁海
冬至出 夏至入	點刻分	七一〇	八〇九	八〇〇
冬至入 夏至出	以下準此	四二五	三三六	四〇〇
小寒出 芒種入 大雪出 小暑入		七一七	八〇三	七三一〇
小寒入 芒種出 大雪入 小暑出		四二八	三三一二	四〇五
大寒出 小滿入 小雪出 大暑入		七〇一三	七二一三	七二六
大寒入 小滿出 小雪入 大暑出		四三二	四一二	四一九
立春出 立夏入 立冬出 立秋入		六三一三	七一一四	七一八
立春入 立夏出 立冬入 立秋出		五〇二	四二一	四二七
雨水出 穀雨入 霜降出 處暑入		六二九	六三一三	六三九
雨水入 穀雨出 霜降入 處暑出		五一六	五〇二	五〇六
驚蟄出 清明入 寒露出 白露入		六一六	六一一〇	六一九
驚蟄入 清明出 寒露入 白露出		五二九	五二五	五二六
春分出入 秋分出入		六〇〇	以下俱同不贅	

克魯倫河 圖拉河 汗山 科布多 烏里雅蘇台 杜爾伯特	七三九	四〇六	七三四	四〇一一	七二二	四一一三	七一四	四二一一	六三七	五〇八	六一八	五二七
烏隴古河 土爾扈特 鄂爾坤 額爾德尼昭 札賚特 札哈沁 推河 科爾沁	七三五	四〇一一	七三〇	四一〇	七一一四	四二一	七一一	四二一四	六三五	五〇一〇	六一七	五二八
郭爾羅斯 阿魯科爾沁	七三〇	四一〇	七二一〇	四一五	七一一〇	四二五	七〇一三	四三二	六三三	五〇一二	六一六	五二九
烏珠穆沁 浩齊特	七二一一	四一四	七二七	四一八	七一七	四二八	七〇一〇	四三五	六三一	五〇一四	六一六	五二九

巴林	札魯特 阿巴哈納爾 阿巴噶	奈曼 和碩特 克什克騰 蘇尼特	翁牛特 敖漢	喀爾喀 四子部落	喀喇沁 茂明安
七二八	七二七	七二六	七二四	七二一	七二〇
四一七	四一八	四一九	四一一一	四一一四	四二〇
七二四	七二三	七二三	七二〇	七一一二	七一一一
四一一一	四一一二	四一一三	四二〇	四二三	四二四
七一五	七一四	七一三	七一一	七〇一三	七〇一二
四二一〇	四二一一	四二一二	四二一四	四三二	四三三
七〇八	七〇七	七〇六	七〇四	七〇一	七〇〇
四三七	四三八	四三九	四三一一	四三一四	五〇〇
六三〇	六二一四	六二一四	六二一三	六二一二	六二一一
五一〇	五一一	五一一	五一二	五一三	五一四
六一五	六一五	六一五	六一五	六一四	六一四
五二一〇	五二一〇	五二一〇	五二一〇	五二一一	五二一一

晝夜長短表

地／節	烏喇特　歸化城　土默特　鄂爾多斯	阿拉善	京都
點刻分（以下準此） 冬至晝 夏至夜	七 二 一二	七 一 五	九 〇 一〇
冬至夜 夏至晝	四 二 三	四 二 一〇	一四 三 五
小寒 大雪 晝 芒種 小暑 夜	七 一 八	七 一 二	九 一 一
小寒 大雪 夜 芒種 小暑 晝	四 二 七	四 二 一三	一四 二 一四
大寒 小雪 晝 小滿 大暑 夜	七 〇 九	七 〇 三	九 二 四
大寒 小雪 夜 小滿 大暑 晝	四 三 六	四 三 一二	一四 一 一一
立春 立冬 晝 立夏 立秋 夜	六 三 一二	六 三 九	一〇 〇 四
立春 立冬 夜 立夏 立秋 晝	五 〇 三	五 〇 六	一三 三 一一
雨水 霜降 晝 穀雨 處暑 夜	六 二 一〇	六 二 七	一〇 二 一二
雨水 霜降 夜 穀雨 處暑 晝	五 一 五	五 一 八	一三 一 三
驚蟄 寒露 晝 清明 白露 夜	六 一 三	六 一 二	一一 一 三
驚蟄 寒露 夜 清明 白露 晝	五 二 一二	五 二 一三	一一 二 一二
春分 晝 夜 秋分 晝 夜			一二 〇 〇

唐努烏梁海	杜爾伯特 桑金達賴 額爾齊斯河 肯特 阿爾泰烏梁海	克魯倫河 圖拉河 汗山 科布多 烏里雅蘇台 杜爾伯特	烏隴古河 土爾扈特 鄂爾坤 額爾德尼昭 札賚特 札哈沁 推河 科爾沁
七二二	八〇〇	八〇一二	八一五
一六一三	一六〇〇	一五三三	一五二一〇
七三九	八〇一〇	八一七	八二〇
一六〇六	一五三五	一五二八	一五二〇
八二四	八三三	八三一	九〇二
一五二一	一五〇一二	一五〇四	一四三一三
九〇二	九〇一四	九一七	九一一三
一四三三	一四三一	一四二八	一四二三
一〇〇四	一〇〇一二	一〇一一	一〇一五
一三三一	一三三三	一三二一四	一三二一〇
一一〇一〇	一一〇一二	一一〇一四	一一一一
一二三五	一二三三	一二三一	一二二一四
以下俱同不贅			

郭爾羅斯 阿魯科爾沁	烏珠穆沁 浩齊特	巴林	札魯特 阿巴哈納爾 阿巴嘎	奈曼 和碩特 克什克騰 蘇尼特	翁牛特 敖漢
八二〇	八二八	八二一四	八三一	八三三	八三七
一五二〇	一五一七	一五一一	一五〇一四	一五〇一二	一五〇八
八二一〇	八三一	八三七	八三九	八三一一	九〇〇
一五一五	一五〇一四	一五〇八	一五〇六	一五〇四	一五〇〇
九〇一〇	九一一	九一五	九一七	九一九	九一一三
一四三五	一四二一四	一四二一〇	一四二八	一四二六	一四二三
九二四	九二一〇	九二一四	九三一	九三三	九三七
一四一一一	一四一五	一四一一	一四〇一四	一四〇一二	一四〇八
一〇一九	一〇一一三	一〇二〇	一〇二三	一〇二三	一〇二四
一三二六	一二二三	一三二〇	一三一一三	一三一一三	一三一一一
一一一三	一一一三	一一一五	一一一五	一一一五	一一一五
一一二一二	一二二一二	一二二一〇	一二二一〇	一二二一〇	一二二一〇

喀爾喀 四子部落	喀喇沁 茂明安	烏喇特 歸化城 土默特 鄂爾多斯	阿拉善
八三一三	九〇〇	九〇六	九一五
一五〇二	一五〇〇	一四三九	一四二一〇
九〇六	九〇八	九〇一四	九一一一
一四三九	一四三七	一四三一	一四二四
九二四	九二六	九二一二	九三九
一四一一一	一四一九	一四一三	一四〇六
九三一三	一〇〇〇	一〇〇六	一〇〇一二
一四〇二	一四〇〇	一三三九	一三三三
一〇二六	一〇二八	一〇二一〇	一〇三一
一三一九	一三一七	一三一五	一三〇一四
一一一七	一一一七	一一一九	一一一一一
一二二八	一二二八	一二二六	一二二四

派別

蒙古之地自商以前。建國不可考矣。在周爲山戎獯鬻玁允之所居。其民非土著。其國無城郭。寄穹廬。逐水草。無都府疆域可迹。秦漢時匈奴最强盛。漠南北皆爲其所有。王庭在今喀爾喀地。至後漢分其地爲單于。再變爲蠕蠕。三變爲突厥。四變爲回紇。五變而爲蒙古。前後數千年興廢相續。皆以大漠爲諸部之綱維。唐時又有鮮卑烏奚桓等。

錯居內蒙古各地。薛延陀契丹等。則據外蒙古東部。契丹之興。是爲遼國。大安初年。蒙古部落稍稍蕃盛。然四分五裂。猶不相統屬。世世奉貢於遼金。至也速該。始併吞諸部。爲蒙古一國。常游牧黑龍江及長城間。也速該者。元之始祖也。既沒。其子鐵木眞嗣位。深沈有大略。宋開禧二年。大會酋長於斡難河（即敖嫩河）建九斿白旂。即位稱帝。部下上尊號曰成吉思汗。時西由額爾齊斯河源。東至斡難河。北居貝加爾河。南訖西夏及金之地。俱遷諸種民以實之。版圖日闢。在位二十二年。殂。廟號太祖。深謀遠慮。用兵如神。所向無敵。前後滅國者四十。殺人幾五百萬。疆域之廣。爲前古所未有。東起中國海。西及日耳曼波蘭。除併吞俄羅斯阿拉伯印度外。駸駸有統一全亞之勢。三子窩闊台嗣位。是爲太宗。宋端平元年。滅金。建都和林。在位十三年而殂。兵力之盛。遠慴歐洲。莫敢攖其鋒。中更定憲二宗。以迄世祖。至元元年。遷都大興（今北京）國號元。十年。大舉滅宋。遂主中國。數傳至順帝。二十七年。明太祖起兵伐元。陷燕京。順帝奔上都。殂。子愛猷識理達臘立。時王保保在和林。往依之。復稱蒙古。據有沙漠南北之地。尋傳位於次子脫古思帖木兒。洪武二十一年。發兵討之。脫古思及其太子天保奴。爲其臣也速迭兒所弒。由是部落潰散。自脫古思五傳至坤帖木兒。皆遇弒。疏族鬼力赤篡之。自立爲可汗。去國號。稱韃靼。而非元之嫡派。部下不服。爲酋長阿魯台所殺。迎元裔本雅失里立之。永樂間。與明兵戰。大敗於斡難河。初。明帝封瓦剌（爲蒙古之一部元亡強臣猛可帖木兒據之後分爲三部俱受明爵即額魯特種民是已）馬哈木爲順寧王。仍時入寇。至是乘本雅失里之微弱。殺之。阿魯台窮蹙降明。馬哈木死。子脫歡嗣。欲自稱可汗。襲殺阿魯台。衆皆不附。因立元裔脫脫不花。以阿魯台部衆屬之。脫歡自爲丞相。攬政權。併有瓦剌全部。頗跋扈。脫歡死。子也先復自爲太師。勢益桀驁。正統十四年。大舉寇明。明兵潰於土木。也先挾帝北去。已而歸之。景泰二年。也先弒脫脫不花。自立爲大可汗。瓦剌知院攻殺之。韃靼部酋長立脫脫不花之子麻兒可兒爲小王子。由是元之後裔皆稱小王子。正德十三年。小王子阿著死。兄子卜赤嗣。而阿著有子三。次曰俺答。最強。隆慶四年。封順義王。名其城曰歸化城。自卜赤四傳至林丹汗。稱胡土克圖。士馬強盛。橫行漠南。諸部之小者不堪其虐。或北去依喀爾喀。或東走庇科爾沁。於是林丹汗糾諸部兵襲科爾沁。酋長奥巴不能支。率其兄弟首先歸附於　清。諸部亦以次投誠。乞援會鄂爾多斯亦苦林丹汗之暴。遂合喀喇沁阿巴噶等部。敗林丹汗於土默特。勢稍振。時鄂爾多斯在內蒙古各部中最稱强大。自明天順間。達延汗之子若孫。分據河套。部族繁衍。帶甲十萬。終明之世。常爲邊患者也。　國初天聰八年。征察哈爾。林丹汗欲拒戰。部下已解體。遂奔青海道。卒大軍至歸化城。收其部衆數萬。明年。林丹汗子額哲。率所部奉傳國璽降。封親王。以其爲元之後裔也。位四十九旗貝勒之上。編其部屬爲旗。安置義州。數傳至布爾尼。值康熙間吳三桂反。徵其兵不至。兼煽奈曼諸部擁衆同叛。發兵討之。連戰皆北。布爾尼遁。中流矢死。遂收其故地爲牧廠。移部衆於宣化大同二府邊外。編爲八旗。分東西二翼。是爲察哈爾內屬蒙古。

內蒙古

元太祖起自漠北。以破竹之勢。削平西北諸國。分封諸王。世守其土地。今內外蒙古札薩克。蓋猶其苗裔。太祖仲弟哈薩爾以射聞。季弟勃格圖以勇顯。皆從征有功。今之阿巴噶阿巴哈納爾二部。即勃格圖之後。科爾沁阿魯科爾沁札賚特杜爾伯特郭爾羅斯四子部落茂明安烏喇特八部。皆哈爾薩之後。若翁牛特。則太祖弟諤楚音之後。札魯特及土默特右翼。則太祖十八世孫之後也。明初諸部自漠北南徙。移牧內蒙古之地。數擾邊而屢敗於明兵。仍歸漠北。迨明中葉。國勢寖弱。復轉徙漠南。分據牧地。各成部落。又有新自喀爾喀內徙者。曰圖魯博羅特。阿爾楚博羅特。鄂齊博羅特。巴爾蘇卜羅特。皆達延車臣汗之子。爲太祖十六世孫。今之敖漢奈曼巴林札魯特克什克騰烏珠穆沁浩齊特蘇尼特鄂爾多斯喀爾喀左右翼。皆其後裔。其非元裔而居內蒙古者。惟喀喇沁及土默特左翼二部。則太祖功臣濟拉瑪之後。　國初先後來歸。錫以封爵。是爲內蒙古二十四部。

外蒙古

元順帝太子愛猷識理達臘遁至和林。依王保保。僅存宗祀。及太祖十五世孫達延車臣汗。其子圖魯博羅特等四人。自漠北南徙。駐牧於明之近邊。獨季子格埒森札賚爾。仍留故地。於是元裔分二派。南徙者爲內蒙古敖漢等九部。其留漠北者。總稱喀爾喀蒙古。爲西北一大強國。有部衆萬餘。析爲七旗。七子各領其一。迨格埒森札賚爾之孫阿巴岱。往西藏謁達賴喇嘛。得經典歸。部屬服其智。立爲汗。喇嘛教入蒙古自此始。世世號土謝圖汗。與同族車臣。札薩克圖爲三大部。分左右翼。土謝圖爲右翼。車臣札薩克圖爲左翼。疆域遼闊。東起黑龍江。西接額魯特。北界俄屬。南盡大漠。東西五千里。南北三千里。　國初既平察哈爾。告捷於喀爾喀。且徵聘。於是喀爾喀入貢。歲獻白駝一。白馬八。是曰九白之貢。順治九年。內蒙古蘇尼特酋長騰機思叛。率所部踰漠。投喀爾喀土謝圖車臣二部。合兵三萬迎之。　詔發兵往征。騰機思遁。大軍追破之。幷敗喀爾喀二部兵。斬獲無算。已而騰機思歸順。喀爾喀亦奉表謝罪。納貢如例。遂設札薩克。仍分左右翼。康熙二十三年。右翼與左翼連年構兵。乘與準噶爾有隙。　詔達賴喇嘛和解之。初。喀爾喀種民。剽悍絕倫。雄視漠北。自崇奉喇嘛教。浸失尚武氣質。國勢衰弱。復以部族內訌爲準噶爾所覬覦二十七年準噶爾襲擊土謝圖汗大敗之傾國東走且破左翼二汗又劫大喇嘛哲卜尊丹巴胡圖克圖之帳時三汗部衆數十萬皆土崩瓦解分道東奔舉族內附遂割科爾沁部地資其游牧而喀爾喀全境盡爲準噶爾所併三十年　聖祖幸多倫諾爾大會三汗部衆定外蒙古之爵位仍其汗號分授王貝勒以下諸秩與內札薩克各旗同列編三十旗改左右翼爲三路土謝圖部爲中路車臣部爲東路札薩克圖部爲西路三十五年　聖祖親征噶爾丹平之於是阿爾泰山以東盡入中國版圖恢復喀爾喀故地編其部屬爲五十一旗先是土謝圖汗部下有圖蒙肯者值紅黃二教喇嘛相爭能力護黃教藏王嘉之錫以三音諾顏之號部落漸著而仍隸於土謝圖汗未嘗獨立也傳至其孫額駙策淩以從征準噶爾功封超勇親王其近族十九札薩克皆附之別成一部落仍其祖之號爲三音諾顏部雍正三年於土謝圖等三汗外復增此部是爲喀爾喀四大部編七十四旗以三音諾顏功多居三部之上　朝廷厚遇之乾隆十五年策淩薨子成袞札布車布登札布皆能繼

前勞部族益蕃盛。增至八十二旗。附以輝特一旗。額魯特二旗。都八十五旗。統稱外蒙古。築烏里雅蘇台科布多城。分駐定邊左副將軍。及參贊大臣。節制部衆。參贊大臣凡三員。其一必選自蒙古王公台吉中。二十一年。車臣汗郡王青滾雜卜。附阿睦爾撒納擁衆叛。煽諸部撤驛站。大兵至伊犂。羽書中斷。三音諾顏汗成袞札布襲位定邊左副將軍。首傳檄各部。率兵平賊。其弟車布登札布在伊犂大軍中。戰功卓著。後繼兄任。兼充議政大臣。於是三音諾顏一部。父子兄弟踵爲定邊左副將軍。威名振漠北。

額魯特

額魯特之先。爲蒙古臣僕。明史之瓦剌是已。其種族出脫歡也先之裔。其地爲元之牧場。初分四部。曰綽羅斯特。牧伊犂。曰杜爾伯特。牧額爾齊斯。曰土爾扈特。牧雅爾。（即塔爾巴哈台）曰和碩特。牧烏魯木齊。是爲四衞拉特部。以伊犂爲四部會宗之地。各領所部。不相統屬。明季和碩特固始汗。襲據青海。又以兵入西藏。滅藏巴汗而有其喀木之地。綽羅斯特酋長渾台吉。亦據伊犂。蠶食近部。勢漸強大。固始汗既徙青海。併有烏魯木齊諸部。畏其吞噬。相率他徙。於是伊犁爲四部盟長。國號準噶爾。渾台吉死。子僧格立。僧格死。子索諾木阿拉布坦立。而僧格弟噶爾丹篡之。娶青海和碩特部車臣汗之女。已而殺。汗。併其部落。準噶爾奄有四衞拉之地。疆域廣漠。北併喀爾喀。南攻回部之城郭。都府。下之。方喀爾喀三部之內鬨也。噶爾丹嗾其族人嫚罵土謝圖汗。以激其怒。果爲所殺。遂藉詞復讐。乘喀爾喀之無備。大敗之。喀爾喀全部內徙。會噶爾丹遣使入貢。詔返其侵地。不奉命。康熙二十九年。復以追喀爾喀爲名。率銳卒東犯。尙書阿爾尼統兵迎戰。不利。直逼內蒙古。長驅至烏蘭布通。大兵擊之。噶爾丹敗遁。三十四年。復率三萬騎入寇。至巴顏烏蘭。不敢深入。自秋及冬。頓兵不去。明年。　車駕親征。分三路進軍。西路兵至昭莫多。大破之。殪其妻阿奴哈屯。噶爾丹窮蹙。仰藥死。兄子策妄阿拉布坦。收集潰亡。陽坿中朝。畫阿爾泰山爲界。仍據伊犁及喀什噶爾。闢杜爾伯特諸部地。至額爾齊斯河。且有準噶爾之大半。遂自立爲汗。倣噶爾丹所爲。吞併諸部。恢張霸業。跋扈不受約束。於是邊警復熾。雍正五年。策妄阿拉布坦死。其子噶爾丹策零。狡黠好兵。尤甚於其父三音諾顏汗額駙策淩屢挫之。終以阿爾泰山分喀爾喀準噶爾之界。各部游牧不得踰越。乾隆十年噶爾丹策零死。次子那木札勒嗣位。狂暴遇弒。庶兄喇嘛達爾札簒立。尋爲輝特台吉（輝特亦四衛拉之一小部）阿睦爾撒納所襲殺。推達瓦齊爲汗。達瓦齊者。準噶爾宿將敦多之子也。未幾準噶爾爭立。國大亂。各徵諸部兵。杜爾伯特台吉車淩。不堪迫脅。率屬內附。編立佐領。以札薩克治之。時乾隆十八年也。阿睦爾撒納陰險很戾。乘準部內亂。有覬覦之意。而準噶爾台吉。爲綽羅斯部世傳。恐衆不附己。乃挾達瓦齊以自逞。既又與達瓦齊有隙。糾和碩特台吉班珠爾來歸。錫封親王。食雙俸。備陳攻取伊犂之策。授定邊左副將軍。準噶爾諸將亦知不能久安。遂相繼降。準噶爾大衰。二十年。出兵討之。諸部望風倒戈。達瓦齊遁入回部。回酋執送京師。　詔貸其死。封親王。入旗籍。準部既平。分封四衛拉特爲四汗。以殺其勢。而阿睦爾撒納欲爲總台吉。不許。漸萌異志。擅誅殺。不服中朝衣冠。亦不用將軍印。仍以準噶爾台吉私印徵各部兵。復煽哈薩克布魯特諸部。　詔促其入覲。遂反。諸部附之。西陲復多事。阿睦爾撒納乘亂自立爲汗。統轄準噶爾全部。 朝廷以準部不知懷德。分西北二路進兵會剿。會諸部自相殘殺。兼痘疫盛行。死亡相望。大軍長驅前進。諸部敗走。二十三年。西陲悉平。阿睦爾撒納投俄羅斯。尋以痘死。俄人歸其屍於邊。於是額魯特四部中。惟杜爾伯特一部。以內徙在先。僅得保全。今編十四旗。分左右翼。凡二盟。在科布多。其土爾扈特部。方渾台吉强盛時。徙入俄境。順治康熙間。屢遣使入貢。而服屬於俄。迨準噶爾既平。酋長渥錫巴率衆來歸。分新舊二部。舊部渥錫巴領之。凡十旗。牧地在今新疆。語具區分章末。新部舍棱領之。今存二旗。在科布多。

阿拉善蒙古

阿拉善蒙古。即賀蘭山額魯特。在河套西。亦曰西套蒙古。初青海固始汗兄子鄂齊圖。游牧斯土。而固始汗之季子巴顏阿玉什。有子十六人。四人居青海。十二人亦游牧套西。以和羅理爲長。是爲兩部落之始。 國初鄂齊圖汗遣使入貢。康熙十六年。爲噶爾丹所襲。全部潰散。或投西藏。或虜至伊犂。和羅理率屬萬餘。遁大草灘。頗騷擾邊徼。

朝廷閔其爲飢困所迫•置弗問•畫阿拉善山爲界•山之陰許其游牧•和羅理請編入四十九旗•置佐領•詔如內蒙古編制•給札薩克印•編一旗•其衆皆驍勇善戰•從征準噶爾•常爲先鋒•敘功封世襲親王•康熙四十一年•土爾扈特族阿拉布珠爾特來降•詔編一旗•與阿拉善同牧•稱額濟納土爾扈特•以其牧地在額濟納河畔•故名•

烏梁海

烏梁海•即兀良哈•按元史蘇布特傳•稱爲兀良哈氏•即今喀喇沁旗之以烏梁海爲姓是已•其國向爲喀爾喀之附庸•亦游牧而非元裔•其地依唐努山•在烏里雅蘇台之北•俄羅斯之南•舊役於額魯特•經乾隆蕩平•以次歸化•其所置佐領•分隸定邊左副將軍•及哲布尊丹巴呼圖克圖•札薩克圖汗•三音諾顏等部•又有徙牧阿爾泰山者•則歸科布多參贊大臣所轄•

青海蒙古

元太祖之弟哈薩爾•七傳至阿克薩噶勒泰•有子二•長阿魯克特穆爾•爲內蒙古兩科

爾沁等八旗之祖次烏魯克特穆爾十一傳至圖爾拜琥自烏魯木齊來據有青海是爲和碩特固始汗分部衆爲左右二翼子十人分領之總稱青海和碩特部 國初屢入貢順治三年封遵文衍義敏慧固始汗給金冊印康熙三十七年固始汗季子達什巴圖爾來覲封和碩親王授諸台吉貝勒貝子公爵有差雍正元年達什巴圖爾子羅卜藏丹津嗾部衆犯邊陰約策妄阿拉布坦起兵 詔發兵擊之羅卜藏丹津敗竄準噶爾殲其逆黨歸順者爵土如故定其游牧疆界三年一貢先是固始汗盛時除和碩特本部外復有小部落隸之曰綽羅斯土爾扈特輝特喀爾喀凡四部在青海者皆歸其統屬至是廷議許各自爲部乃得獨立尋照內蒙古例編各部爲二十九旗置佐領以札薩克治之

蒙古志卷一終

蒙古志卷二

區分

蒙古大抵分爲七大部。曰內蒙古。曰外蒙古。曰西套蒙古。曰科布多。曰烏梁海。曰青海蒙古。曰內屬遊牧蒙古。內外蒙古。以大沙漠爲界。漠南爲內蒙古。漠北爲外蒙古。西套蒙古在河套西。亦在漠南。科布多在外蒙古西北。烏梁海在科布多北。皆在漠北。青海蒙古者。環青海而居。內屬遊牧蒙古。在長城附近。

每部中大區之爲部。小區之爲旗。部以氏族分。旗以政治分。或合數部數旗而爲盟。或合一部數旗而爲盟。

各部遊牧。分定地界。不得越境。其界均以山脈河流定之。若平原沙漠。無山河可界者。則疊石爲誌。謂之鄂博。

蒙古戶口。或謂有四百五十萬。然出於臆算。非確數也。蓋其人民皆逐水草而居。轉徙

無常莫從調查耳按蒙古未嘗無核計戶口之政每三歲則一編册送理藩院然所登者惟十八歲至六十歲之壯丁若老疾則無之故亦不足爲據

內蒙古

內蒙古之地東界東三省南界盛京直隸山西陝西甘肅西界西套蒙古北至沙漠界外蒙古部二十有四爲旗四十有九又附牧一旗共分六盟　曰哲里木盟二曰卓索圖盟三曰昭烏達盟四曰錫林郭勒盟五曰烏蘭察布盟六曰伊克昭盟

一哲里木盟凡四部十旗

科爾沁部在直隸喜峰口東北八百七十里至　京師千二百八十里東西距八百七十里南北距二千一百里東界札賚特部南界盛京邊牆西界札魯特部北界黑龍江省所部六旗分左右翼右翼附札賚特部一旗杜爾伯特部一旗左翼附郭爾羅斯部二旗統盟於哲里木盟地在右翼中旗境內

札賚特部在直隸喜峰口東北千六百里至　京師二千十里東西距六十里南北距

四百里。東界杜爾伯特部。南及西界郭爾羅斯部。北界黑龍江省。所部一旗。屬科爾沁右翼。隸哲里木盟。

杜爾伯特部。在直隸喜峰口東北千六百四十里。至 京師二千五十里。東西距百七十里。南北距二百四十里。東界黑龍江省。南界郭爾羅斯部。西界札賚特部。北界黑龍江省。所部一旗。屬科爾沁右翼。隸哲里木盟。

郭爾羅斯部。在直隸喜峰口東北千四百八十里。至 京師千八百九十七里。東西距四百五十里。南北距六百六十里。東界吉林省。南界盛京邊牆。西及北界科爾沁部。所部二旗。屬科爾沁左翼。隸哲里木盟。

旗名	牧地	疆界			
		東界	南界	西界	北界
科爾沁右翼中旗	盛京洮南府西北郭特爾河北岸厄布里坤杜倫河於是合流	右翼前旗	左翼中旗	左翼中旗	烏珠穆沁左翼旗

科爾沁左翼中旗	吉林赫爾蘇邊門外昌圖府界跨東西二遼河	郭爾羅斯旗	左翼後旗	奈曼旗	烏珠穆沁左翼旗
科爾沁右翼前旗	盛京洮南府靖安縣北索岳爾濟山之南陶爾河桂勒爾河於是合流注嫩江	右翼後旗	郭爾羅斯後旗	右翼中旗	烏珠穆沁左翼旗
科爾沁左翼前旗	法庫邊門外養息牧牧場之東	左翼後旗	盛京	奈曼	左翼中旗
科爾沁左翼後旗	法庫邊門外東西二遼河於是合流	左翼中旗	盛京	左翼前旗	左翼中旗
科爾沁右翼後旗	盛京洮南府北境跨陶爾河	札賚特旗	郭爾羅斯後旗	右翼前旗	黑龍江

札賚特旗	黑龍江齊齊哈爾城西南當盛京洮南府東北境	見前			
杜爾伯特旗	嫩江東岸齊齊哈爾城東南呼蘭城西當吉林西北邊境	見前			
郭爾羅斯前旗	盛京洮南府東境吉林伊通邊門外長春府之西嫩江與松花江會合處	吉林	盛京	科爾沁左翼旗	科爾沁右翼後旗
郭爾羅斯後旗	吉林混同江北岸嫩江東岸新城府之北	黑龍江	盛京	札賚特	杜爾伯特

二卓索圖盟凡二部五旗及附牧一旗

喀喇沁部在直隸喜峰口東北三百五十里至京師七百六十里東西距五百里南

北距四百五十里。東界土默特部及敖漢部。南界盛京邊牆。西界察哈爾正藍旗牧場。
北界翁牛特部。所部三旗。與土默特二旗。統盟於卓索圖盟。地在土默特右翼境內。
土默特部。在直隸喜峰口東北五百九十里。至　京師一千里。東西距四百六十里。南北距三百十里。東界養息牧牧場。南界盛京邊牆。西界喀喇沁右翼。北界喀爾喀左翼。
及敖漢部。所部二旗。統隸卓索圖盟。

旗名	牧地	疆界（所列四至首東次南次西次北已於第一表首行分綫標明以下俱同不再注）
喀喇沁右翼旗	直隸承德府平泉州東北境圍場之東跨老哈河	見前
喀喇沁中旗	當老哈河源	見前

喀喇沁左翼旗	承德府建昌縣南境當大凌河源	見前			
土默特左翼旗	承德府朝陽縣東北錫哷圖庫倫喇嘛遊牧之南養息牧牧場之西	養息牧牧場	盛京	右翼旗	喀爾喀左翼
土默特右翼旗	朝陽縣西南九關台新台邊門外跨大凌河	左翼	盛京	喀喇沁右翼	奈曼旗
附 土默特左翼遊牧	錫哷圖庫倫喇嘛遊牧之西	庫倫	左翼	喀爾喀右翼	喀爾喀左翼

三昭烏達盟凡八部十一旗

敖漢部。在直隸喜峰口東北六百里。至京師千十里。東西距百六十里。南北距二百八十里。東界奈曼部。西界喀喇沁部。南界土默特部。北界翁牛特部。所部一旗。與奈曼等七部統盟於昭烏達盟。地在翁牛特左翼境內。

奈曼部。在直隸喜峰口東北七百里。至　京師千一百十里。東西距九十五里。南北距二百二十里。東界喀爾喀左翼。西界敖漢部。南界土默特部。北界翁牛特部。所部一旗。隸昭烏達盟。

巴林部。在直隸古北口東北七百八十里。至　京師九百六十里。東西距二百五十一里。南北距二百三十三里。東界阿魯科爾沁部。西界克什克騰部。南界翁牛特。北界烏珠穆沁部。所部二旗。隸昭烏達盟。

札魯特部。在直隸喜峰口東北千一百里。至　京師千五百一十里。東西距百二十五里。南北距四百六十里。東界科爾沁部。西界阿魯科爾沁部。南界喀爾喀左翼。北界烏珠穆沁部。所部二旗。隸昭烏達盟。

阿魯科爾沁部。在直隸古北口東北千一百里。至　京師千三百四十里。東西距百三

十里南北距四百二十里東界札魯特部西界巴林部南界喀爾喀左翼北界烏珠穆沁部所部一旗隸昭烏達盟

翁牛特部在直隸古北口東北五百二十里至　京師七百二十里東西距三百三十四里南北距三百五十七里東界阿魯科爾沁部西界承德府熱河禁地南界喀喇沁部及敖漢部北界巴林部及克什克騰部所部二旗隸昭烏達盟

克什克騰部在直隸古北口東北五百七十里至　京師八百十里東西距三百三十四里南北距三百五十七里東界翁牛特部及巴林部西界浩齊特部及察哈爾正藍旗牧廠南界翁牛特部北界烏珠穆沁部所部一旗隸昭烏達盟

喀爾喀左翼部在直隸喜峰口東北八百四十里東西距百二十五里南北距二百三十里東界科爾沁部西界奈曼部南界土默特部北界札魯特部及翁牛特部所部一旗隸昭烏達盟

旗名	牧地	疆界

敖漢旗	承德府朝陽縣之北建昌縣之東北跨老哈河	見前			
奈曼旗	朝陽縣東北境西喇木倫河老哈河合流之南岸	見前			
巴林右翼旗	盛京洮南府西南境西喇木倫河北岸	見前			
巴林左翼旗	同上	見前			
札魯特左翼旗	盛京洮南府西境當郭特爾河厄布里坤杜倫河之源哈奇爾河於是流入於沙	見前			

札魯特右翼旗	同上	見前			
阿魯科爾沁旗	哈奇爾河鄂木倫河於是合流	見前			
翁牛特左翼旗	介西喇木倫河老哈河之間	阿魯科爾沁部	敖漢部	克什克騰部	巴林部
翁牛特右翼旗	熱河圍場東北老哈河南岸	敖漢部	喀喇沁右翼	圍場	克什克騰部
克什克騰旗	圍場北西喇木倫河之源	見前			

喀爾喀左翼旗	養息牧河源	見前

四錫林郭勒盟凡五部十旗

烏珠穆沁部。在直隸古北口東北九百二十三里。至 京師千一百六十三里。東西距三百六十里。南北距四百二十五里。東界黑龍江。西界浩齊特部。南界巴林部。北至沙漠。所部二旗。與浩齊特等四部統盟於錫林郭勒。盟地在阿巴噶左翼。阿巴哈納爾左翼兩旗界內。

浩齊特部。在直隸獨石口東北六百八十五里。至 京師千一百八十五里。東西距百七十里。南北距三百七十五里。東界烏珠穆沁部。西界阿巴噶部。南界克什克騰部。北界烏珠穆沁部。所部二旗。隸錫林郭勒盟。

蘇尼特部。在直隸張家口北五百五十里。至 京師九百六十里。東西距四百六里。南北距五百八十里。東界阿巴噶部。西界四子部落。南界察哈爾正藍旗牧廠。北至沙漠。所部二旗。隸錫林郭勒盟。

阿巴噶部在直隸張家口東北五百九十里。至　京師一千里。東西距二百里。南北距三百十里。東界阿巴哈納爾部。西界蘇尼特部。南界察哈爾正藍旗牧廠。北至沙漠。所部二旗。隸錫林郭勒盟。

阿巴哈納爾部。在直隸張家口東北六百四十里。至　京師千五十里。東西距百八十里。南北距四百三十六里。東界浩齊特部。西界阿巴噶部。南界察哈爾正藍旗。北至沙漠。所部二旗。隸錫林郭勒盟。

旗名	牧地	疆界			
烏珠穆沁右翼旗	有因即漢河流入於沙有賀魯渾河	左翼旗	巴林	浩齊特左翼旗	外蒙古車臣汗部中右旗

烏珠穆沁左翼旗	索岳爾濟山之西有鄂爾虎河繞其遊牧地滙於和里圖諾爾	黑龍江	札魯特	右翼旗	車臣汗部左翼前旗
浩齊特右翼旗	當錫林河下游北瀦為差達母泊	左翼旗	克什克騰	阿巴噶阿巴哈納爾兩左翼	烏珠穆沁部
浩齊特左翼旗	濱錫林河	烏珠穆沁右翼	克什克騰	右翼旗	烏珠穆沁部
蘇尼特右翼旗	有古木土鹽泊	左翼旗	察哈爾鑲黃旗	四子部落	外蒙古土謝圖汗部左翼中旗
蘇尼特左翼旗	有固爾班烏斯克河	阿巴噶右翼	察哈爾鑲白旗	右翼旗	土謝圖汗部左翼中旗

阿巴噶左翼旗	環錫林河	浩齊特右翼	克什克騰	阿巴哈納爾	達里岡愛馬場
阿巴噶右翼旗	有庫爾察罕諾爾固爾班烏斯克河瀦焉	阿巴哈納爾右翼	察哈爾正藍旗	蘇尼特左翼	達里岡愛馬場
阿巴哈納爾右翼旗	有達里岡愛兩諾爾	浩齊特	察哈爾正藍旗	阿巴噶右翼	達里岡愛馬場
阿巴哈納爾左翼旗	同上	同上			

五烏蘭察布盟凡四部六旗

四子部落●在直隸張家口西北五百五十里●至　京師九百六十里●東西距二百三十

五里。南北距二百四十里。東界蘇尼特部。西界歸化城土默特。南界察哈爾鑲紅旗牧廠。北界蘇尼特部。所部一旗。統盟於烏蘭察布盟。地在所部境內。即歸化城南百二十里之五藍义拍山。

茂明安部。在直隸張家口西北八百里。至　京師千二百四十里。東西距一百里。南北距百九十里。東界喀爾喀右翼。西界烏喇特。南界歸化城土默特。北至沙漠。所部一旗。隸烏蘭察布盟。

烏喇特部。在山西歸化城西三百六十里。至　京師千五百二十里。東西距二百十五里。南北距三百里。東界茂明安部及歸化城土默特。西及南皆界鄂爾多斯部。北界喀爾喀左翼。所部三旗。隸烏蘭察布盟。

喀爾喀右翼部。在直隸張家口西北七百十里。至　京師千一百三十里。東西距百二十里。南北距百三十里。東界四子部落。西界茂明安部。南界歸化城土默特。北至沙漠。所部一旗。隸烏蘭察布盟。

旗名	牧地	疆界
四子部落旗	當陰山之北臨沙漠有察漢諾爾錫拉木倫瀦焉	見前
茂明安旗	當靄布哈河源	見前
烏喇特中旗	河套北岸噶札爾山之南	見前
烏喇特前旗	同上	同上

烏喇特後旗	同上	同上
喀爾喀右翼旗	有靄布哈河塔爾渾河合流於此	見前

六伊克昭盟凡一部七旗

鄂爾多斯部。在山西歸化城西二百八十五里河套內。至　京師千一百里。東距黃河。界歸化城土默特。西距黃河。界阿拉善額魯特。南距長城。界陝西甘肅。北距黃河。界烏喇特部。所部七旗同牧。自爲一盟。曰伊克昭。

旗名	牧地	疆界

鄂爾多斯左翼中旗	河套正中近東有納瑪帶泊	左翼前旗	陝西	右翼前旗	右翼後旗
鄂爾多斯右翼中旗	河套正西近南當騰格里泊	左翼後旗	右翼前旗	阿拉善額魯特旗	右翼後旗
鄂爾多斯左翼前旗	河套東南	歸化城土默特	陝西	左翼中旗	左翼後旗
鄂爾多斯左翼後旗	河套東北	歸化城土默特	左翼前旗	左翼中旗	烏喇特
鄂爾多斯右翼前旗	河套西南	左翼中旗	陝西甘肅	右翼中旗	左翼後旗

鄂爾多斯右翼後旗	河套西北	左翼後旗	左翼中旗	右翼中旗	烏喇特
鄂爾多斯右翼前末旗	依右翼前旗				

外蒙古

外蒙古喀爾喀。東界黑龍江。南至沙漠。界內蒙古。及西套蒙古。西南界新疆甘肅。西北界科布多烏梁海。北界俄屬西比里部。四附以二。爲旗八十有六。分爲四盟。曰汗阿林盟。曰齊齊爾里克盟。曰喀魯倫巴爾和屯盟。曰札克必拉色欽畢都哩雅諾爾盟。

一　汗阿林盟凡一部二十旗

喀爾喀後路土謝圖汗部。直山西大同邊外漠北。至　京師二千八百餘里。東界車臣汗部。南至沙漠。界內蒙古蘇尼特右翼四子部落喀爾喀右翼諸部。西界三音諾顏部。

西北界烏里雅蘇台所屬唐努烏梁海。北界俄屬西比里。所部二十旗。統盟於汗阿林。即汗山也。

旗名	牧地	疆界			
土謝圖汗旗	杭愛山東喀里雅爾山南額爾德尼昭東北跨鄂爾坤喀咾哈二河	中左旗中右旗	後旗	三音諾顏部額魯特旗	左翼前旗
右翼左旗	跨色楞格河圖拉河於是合於鄂爾坤河	右翼右末次旗	左翼左後旗	三音諾顏部中末旗	右翼右末次旗
中右旗	當圖拉河曲處	中右末旗	左翼右末旗	土謝圖汗旗左翼左中末旗	右翼左後旗

左翼中旗	當阿爾泰軍臺所經	內蒙古達里岡愛牧馬場	內蒙古四子部落及蘇尼特部喀爾喀右翼部	左翼後旗	左翼中左旗
中旗	肯特山西南汗山峙其境當圖拉河源汗山之北是爲庫倫	車臣汗部右翼中前旗	車臣汗部右翼中旗	中右末旗	右翼右末旗右翼左末旗
左翼後旗	當阿爾泰軍臺所經翁金河至是瀦於胡爾罕鄂倫泊	左翼右末旗	烏喇特中旗	三音諾顏部中前旗	右翼右旗
中翼末旗	跨圖拉河	中旗	左翼右末旗	中右旗	右翼左後旗
左翼左中末旗	當喀咾哈河源	中右旗	土謝圖汗旗	土謝圖汗旗	土謝圖汗旗

右翼右旗	翁金河北岸	土謝圖汗旗	左翼後旗	三音諾顏部中前旗	土謝圖汗旗
左翼前旗	跨喀咾哈河	右翼左後旗	土謝圖汗旗	三音諾顏部額魯特前旗	右翼左旗
右翼右末旗	當哈拉河源	右翼左末旗	中旗	右翼左後旗中右末旗	右翼左末旗
中左旗	在喀咾哈河東	中右旗	中右旗	土謝圖汗旗	右翼前旗
左翼右末旗	當阿爾泰軍臺之東達庫倫之驛路於是分	車臣汗部右翼中旗	左翼末旗	左翼後旗	中右旗中右末次旗

左翼末旗	當阿爾泰軍臺之東	左翼中旗	左翼中旗	左翼中左旗	左翼右末旗
左翼中左旗	當阿爾泰軍臺之西	左翼末旗	左翼中旗	左翼後旗	左翼後旗
中次旗	於左翼中旗之東圈出一小遊牧	左翼中旗	左翼中旗	左翼中旗	左翼中旗
右翼右末次旗	跨鄂爾坤河色楞格河	中左翼末旗	右翼左末旗	右翼左旗	中左翼末旗右翼左旗
右翼左後旗	圖拉河喀咾哈河於是合流	右翼左末旗	中右旗及中右末旗	左翼前旗	右翼左旗

中左翼末旗	當鄂爾坤河色楞格河合流處	恰克圖軍臺	右翼左末旗	右翼右末次旗	恰克圖軍臺
右翼左末旗	有溫泉哈拉河伊羅勒河	車臣汗部中右後旗	中旗	右翼左後旗	中左翼末旗

二齊齊爾里克盟凡一部二十四旗

喀爾喀中路三音諾顏部。至京師三千餘里。東界土謝圖汗部。南至沙漠界內蒙古烏喇特部。及阿拉善額濟納部。西與北皆界札薩克圖汗部。所部二十二旗。附額魯特二旗。凡二十四旗。統盟於齊齊爾里克。

旗名	牧地	疆界

三音諾顏旗	當鄂爾坤河源	右翼中左旗	左翼右旗	中右翼末旗	右翼中右旗
中左末旗	當塔米爾哈綏齊老圖三河源	中後末旗	中右翼末旗 右翼右後旗	左翼左旗	中左旗
右翼右後旗	當拜塔里克河源	右翼中後旗	右翼中末旗	左翼左旗	中左旗
中右旗	當推河源	三音諾顏旗	額濟納土爾扈特旗 阿拉善額魯特旗	右翼末旗	中右翼末旗
中前旗	跨集爾瑪台河鄂爾坤河翁金河	土謝圖汗部右翼右旗	土謝圖汗部左翼後旗	右翼左末旗	額魯特旗

中左旗	有德勒格爾河厄得勒河合於齊老圖河爲色楞格河	中後末旗	中左末旗	右末旗	右翼後旗
中末旗	哈綏河至是合於色楞格河	土謝圖汗部右翼左旗	左翼中旗	右翼後旗	札薩克圖汗部中左翼末旗
右翼中左旗	當翁金河源	右翼左末旗	土謝圖汗部左翼後旗	三音諾顏旗	三音諾顏旗
右翼末旗	察罕鐵木兒河至是合於拜塔里克河	右翼中末旗	隔沙漠接額濟納部	右翼右後旗	中左末旗
右翼前旗	胡伊魯河至是合於哈綏河	額魯特前旗	左翼左末旗	右翼後旗	左翼中旗

中後旗	有奔爾噶蘇台河合於札布干河	左翼左旗	左翼左旗		中左旗
左翼左旗	當札布干河源	右翼右後旗	右翼右後旗	中後旗	中左旗
左翼中旗	跨哈綏河	土謝圖汗部左翼左旗	右翼前旗	右翼後旗	中末旗
左翼右旗	哈魯特山	土謝圖汗部左翼後旗	內蒙古烏喇特前旗	沙漠	三音諾顏旗
左翼左末旗	跨塔米爾河胡伊魯河	內蒙古阿魯特前旗	額魯特前旗	右翼前旗	右翼前旗

右翼中末旗	推齊漢泊	中右旗	隔沙漠接額濟納部	右翼末旗	右翼末旗
右翼左末旗	跨翁金河	中前旗	土謝圖汗部左翼後旗	右翼中左旗	右翼中左旗
右末旗	當厄得勒河源	中左旗	中後旗	札薩克圖汗部中右翼末次旗	札薩克圖汗部中右翼末次旗
右翼中右旗	當集爾瑪台河源	中前旗	三音諾顏旗	中右翼末旗	額魯特旗
右翼後旗	當哈綏河北岸色楞格河南岸	左翼中旗	中末旗	中後末旗	札薩克圖汗部中左翼右旗

中後末旗	跨齊老圖河	右翼後旗	中左末旗	中左旗	中左旗及右翼後旗
中右翼末旗	當塔米爾河南岸	右翼中右旗	三音諾顏旗	三音諾顏旗	中後末旗
附額魯特旗	跨集爾瑪台河鄂爾坤河	土謝圖汗旗	中前旗	中前旗	額魯特前旗
附額魯特前旗	當塔米爾河北岸	額魯特旗	額魯特旗	左翼左末旗	右翼前旗

三喀魯倫巴爾和屯盟凡一部二十三旗

喀爾喀東路車臣汗部。在直隸古北口邊外漠北。至 京師三千五百里。東界黑龍江

省南至沙漠界內蒙古浩齊特阿巴噶阿巴哈納爾諸部西界土謝圖汗部北界俄屬西比里所部二十三旗統盟於喀魯倫巴爾和屯

旗名	牧地	疆界			
格根車臣汗旗	跨克魯倫河	右翼左旗	中末右旗	左翼中前旗	右翼前旗
左翼中旗	在科勒蘇河之東跨克魯倫河	中左旗	中左旗及中末右旗	左翼右旗	中末次旗及左翼右旗
中右旗	喀爾喀河於是瀦於貝爾池	黑龍江呼倫貝爾城	左翼前旗	左翼後末旗	呼倫貝爾池

右翼中旗	有卓朔爾山	右翼中右旗	土謝圖汗部左翼中旗	土謝圖汗部左翼右末旗	土謝圖汗部中旗
中末旗	當克魯倫河南	中右末旗	土謝圖汗部左翼中旗	右翼中右旗	車臣汗旗及右翼中前旗
中左旗	跨克魯倫河	左翼後旗	左翼後旗	左翼中旗	左翼左旗
中後旗	跨敖嫩河	左翼中旗	車臣汗旗	中右後旗	中右後旗
左翼前旗	當索岳濟山北濱喀爾喀河	呼倫貝爾城	內蒙古烏珠穆沁左翼旗	烏珠穆沁左翼旗右翼旗	中右旗

右翼中右旗	有達爾罕山	右翼中前旗及右末旗	右翼中旗及右翼中前旗	右翼中旗	右翼中前旗
左翼後旗	克魯倫河南有烏蘭達布蘇泊	左翼後末旗	達里岡愛牧場	達里岡愛牧場	中前旗
左翼後末旗	當貝爾池東	中右旗	中前旗	左翼後旗	中前旗
右翼後旗	當沙漠北	內蒙古烏珠穆沁右翼旗	內蒙古烏珠穆沁右翼旗及浩齊特左翼旗	內蒙古阿巴噶左翼旗及阿巴哈納爾右翼旗	左翼後旗
中末右旗	伊蘭圖爾哈山北	中左旗	達里岡愛牧場	中末旗	車臣汗旗

右翼中左旗	克魯倫河北當塔爾集爾集河西	右翼前旗	右翼中前旗	右翼中前旗	中右後旗
右翼前旗	克魯倫河源	車臣汗旗	車臣汗旗	右翼中右旗	中後旗
右翼左旗	克魯倫河北當塔爾集爾集河東	左翼右旗	左翼右旗	車臣汗旗	中後旗及中末次旗
中末次旗	科勒蘇河西	左翼中旗	左翼中旗	右翼左旗及左翼右旗	中後旗
左翼右旗	跨克魯倫河	左翼中旗	中末右旗	右翼左旗	中末後旗

中右後旗	在肯特山東當克魯倫河敖嫩河之源	中後旗	右翼中左旗及右翼中前旗	土謝圖汗部中旗	土謝圖汗部右翼左末旗
左翼左旗	跨克魯倫河	中左前旗	中左旗	中左旗	中左前旗
中左前旗	跨克魯倫河	中前旗	中前旗	左翼左旗	中前旗
中前旗	跨克魯倫河	呼倫貝爾城	左翼後末旗	中左前旗	中左前旗
右翼中前旗	當克魯倫河曲處	右翼中左旗	中末旗	右翼中右旗	中右後旗

四札克必拉色欽畢都哩雅諾爾盟凡一部十九旗

喀爾喀西路札薩克圖汗部。直甘肅甯夏邊外漠北。至　京師四千餘里。東界三音諾顏部。西界科布多。南至沙漠。界額濟納。及新疆省鎮西直隸廳。北界唐努烏梁海。所部十八旗。附輝特部一旗。凡十九旗。統盟於札克必拉色欽畢都哩雅諾爾。

旗名	牧地	疆界			
札薩克圖汗旗（兼管右翼左旗）	有博格鬪諾爾	輝特旗	三音諾顏部左翼右旗	右翼前旗	中右翼末旗
中左翼左旗	在桑金達賴泊之北當特斯河源	烏梁海	右翼右末旗	中右翼末次旗	烏梁海

左翼中旗	蘇底泊北	左翼左旗	右翼左旗	輝特旗	左翼左旗
右翼後旗	蘇底泊	左翼左旗	右翼左旗	輝特旗	左翼左旗
左翼右旗	在台哈拉泊之南	左翼左旗	左中旗及右翼後旗	中右翼末旗及中右翼左旗	札哈沁及杜爾伯特遊牧
左翼前旗	在奇勒稽思諾爾之東	烏梁海	左翼左旗	左翼左旗	杜爾伯特遊牧
左翼後末旗	與左翼前旗同牧	俱同上			

右翼右末旗	當德勒格爾河西岸 桑金達賴泊之東	中左翼末旗	中左翼右旗	中左翼右旗	中左翼左旗
中左翼右旗	桑金達賴泊之南	右翼右末旗	三音諾顏部 右翼後旗	三音諾顏部 中左旗	右翼右末旗
右翼右旗	台哈拉泊南	右翼左旗	三音諾顏部 右翼右後旗	左翼後旗	右翼前旗
左翼後旗	沙漠北	三音諾顏部 右翼右後旗	三音諾顏部 右翼中末旗	隔沙漠接新 疆	右翼右旗
中右翼末旗	錫爾哈河至是瀦於 錫爾哈泊	左翼右旗	右翼左旗	札哈沁遊牧	中右翼左旗

右翼後末旗	有阿拉克泊	中右翼末旗	右翼前旗	隔沙漠接新疆	札哈沁遊牧
中右翼左旗	沙漠北	左翼右旗	中右翼末旗	札哈沁遊牧	札哈沁遊牧
右翼前旗	博格爾諾爾西	右翼左旗	左翼後旗	隔沙漠接新疆	右翼後末旗
左翼左旗	在奇勒稽思諾爾愛拉克諾爾之南跨謨和爾容歸河	左翼前旗及左翼後末旗	中左翼末旗	左翼中旗及右翼後旗	杜爾伯特遊牧
中右翼末次旗	有特爾們池尾袞池	左翼左旗	三音諾顏部右末旗	三音諾顏部右末旗	左翼左旗

中左翼末旗	當德勒格爾河東岸	烏梁海	三音諾顏部中末旗	右翼右末旗	
附輝特旗	當錫爾哈河東岸	左翼中旗及右翼後旗	左翼中旗及右翼後旗	右翼左旗	中右翼末旗

西套蒙古

西套蒙古之地。東界內蒙古。南至長城。界甘肅。西至沙漠。界甘肅新疆。北至沙漠。界外蒙古。部二。旗亦如之。不設盟。

一阿拉善額魯特部

阿拉善額魯特部。在河套以西。至　京師五千里。東界甘肅甯夏府。及內蒙古鄂爾多斯部。南界甘肅涼州甘州二府。西界額濟納土爾扈特。北至沙漠。界外蒙古三音諾顏部。所部一旗。

旗名	牧地	疆界
阿拉善額魯特旗	當賀蘭山西龍頭山北有吉蘭泰鹽池	見前

二額濟納土爾扈特部

額濟納土爾扈特部。在阿拉善之西。當甘肅甘州肅州邊外。至　京師五千五百餘里。東界阿拉善額魯特部。南界甘肅甘州肅州。西至沙漠。界新疆及甘肅安西州。北至沙漠。界外蒙古三音諾顏部。所部一旗。

旗名	牧地	疆界
額濟納土爾扈特旗	跨坤都倫河	見前

科布多

科布多之地。東北界唐努烏梁海。東南界札薩克圖汗部。西南界新疆。西北界俄屬。其地皆隷科布多參贊大臣。部二。爲旗十有八。分爲二盟。一曰賽音濟雅哈圖盟。二曰青色特起勒圖盟。又有不設盟之部五。旗十有一。

一賽音濟雅哈圖盟凡一部十六旗

杜爾伯特部。至 京師六千餘里。東北界唐努烏梁海。東南界外蒙古札薩克圖汗部。南界科布多牧場。西南界明阿特旗。西界阿爾泰烏梁海。西北界俄屬。所部分左右翼。各自爲盟。左翼十一旗。附輝特部一旗。凡十二旗爲一盟。右翼三旗。附輝特部一旗。凡四旗爲一盟。

一左翼

旗名	牧地	疆界

杜爾伯特汗旗	與右翼同牧在阿爾泰山之東烏蘭固木地環烏布薩泊附近	見前
中旗		
中左旗		
中前旗		
中後旗		
中上旗		
中下旗		
中前左旗		
中前右旗		
中後左旗		
中後右旗		

附輝特下前旗		

二右翼

旗名	牧地	疆界
前旗	與左翼同牧	見前
前右旗		
中右旗		
附輝特下後旗		

二青色特起勒圖盟凡一部二旗

新土爾扈特部在科布多城西南至　京師七千餘里東界新和碩特南踰沙漠界新疆西界阿爾泰烏梁海北界阿爾泰烏梁海所部二旗

旗名	牧地	疆界

新右旗	在阿爾泰山南烏隴古河東
新左旗	見前

三不設盟者凡五部十一旗

新和碩特部。在科布多城南。東界札哈沁部。南及西皆界新土爾扈特部。北界阿爾泰烏梁海部。所部一旗。

阿爾泰烏梁海部。在科布多城西北。東界額魯特部。東南界札哈沁部。西南界新土爾扈特部。西及北皆界俄屬。東北界杜爾伯特部。所部七旗同牧。

明阿特部。在科布多城西北。東界杜爾伯特部。南界額魯特部。西界杜爾伯特部。北界杜爾伯特部。所部一旗。

札哈沁部。在科布多城南。東及南皆界外蒙古札薩克圖汗部。西界新和碩特部。北界科布多城。所部一旗。

額魯特部。在科布多城西北。東界明阿特部。南界科布多城。西界阿爾泰烏梁海部。北

界杜爾伯特部所部一旗

旗名	牧地	疆界
新和碩特旗	當阿爾泰山東南西臨青吉爾河	見前
阿爾泰烏梁海七旗	在阿爾泰山爲額爾齊斯河與貝克穆河之分盤綫	見前
明阿特旗	在伊克阿拉克泊西北	見前
札哈沁旗	在阿爾泰山	見前

額魯特旗	臨科布多河	見前			

唐努烏梁海

唐努烏梁海之地。東北界俄屬西比里。東南界外蒙古土謝圖汗部及札薩克圖汗部。西南界科布多。西北界俄屬西比里。凡三十六佐領。或屬定邊左副將軍。或屬札薩克圖汗部。或屬三音諾顏部。或屬哲布尊丹巴呼圖克圖喇嘛。

一定邊左副將軍所屬烏梁海凡十五佐領

佐領數	牧地	疆界			
佐領二	在德勒格爾河東	土謝圖汗部	札薩克圖汗部	札薩克圖汗部所屬一佐領	札薩克圖汗部所屬一佐領

佐領二	在庫蘇古爾泊東北	土謝圖汗部	札薩克圖汗所屬一佐領	哲布尊丹巴呼圖克圖所屬三佐領	俄屬西比里
佐領四	在貝克穆河折西流處	札薩克圖汗所部一佐領	一佐領	科布多	三音諾顏部所屬十三佐領
佐領三	在讃和爾阿拉爾河源	札薩克圖汗所屬一佐領	科布多及札薩克圖汗部	一佐領	四佐領
佐領四	在噶哈爾河源	哲布尊丹巴呼圖克圖所屬三佐領	札薩克圖汗所屬三佐領	札薩克圖汗所屬一佐領	俄屬西比里

二札薩克圖汗部所屬烏梁海凡五佐領

佐領一	在庫蘇古爾泊北	土謝圖汗部	定邊左副將軍所屬二佐領	定邊左副將軍所屬三佐領	哲布尊丹巴呼圖克圖所屬三佐領
佐領一	在德勒格爾河西	定邊左副將軍所屬二佐領	札薩克圖汗部	科布多	定邊左副將軍所屬四佐領
佐領一	在貝克穆河南華克穆河東	定邊左副將軍所屬四佐領	札薩克圖汗部	一佐領	定邊左副將軍所屬四佐領
佐領一	在談什克河西	一佐領	札薩克圖汗部	札薩克圖汗部	一佐領
佐領一	在札庫爾河源	定邊左副將軍所屬三佐領	科布多	科布多	定邊左副將軍所屬四佐領

三三音諾顏部所屬烏梁海凡十三佐領

佐領數	牧地	疆界
佐領十三	依鄂爾噶漢山在貝克穆河西	俄屬西比里
		定邊左副將軍及札薩克圖汗部所屬
		科布多
		俄屬西比里

四哲布尊丹巴呼圖克圖喇嘛所屬烏梁海凡三佐領

佐領數	牧地	疆界
佐領三	在陶托泊北華克穆河東	俄屬西比里
		札薩克圖汗部所屬
		定邊左副將軍所屬四佐領
		俄屬西比里

青海蒙古

青海蒙古之地。東北界甘肅。西北界新疆。西南界西藏。東南界四川。其地皆隸西甯辦事大臣。部五。爲旗二十有九。共爲一盟。曰青海盟。

一青海盟凡五部二十九旗

旗名	牧地	疆界
青海和碩特部。	在甘肅西甯邊外。至 京師五千七十里。	東及北界甘肅。西界西藏。南界四川。所部二十一旗。
青海綽羅斯部。		東及南皆界甘肅。西及北皆界青海和碩特部。所部二旗。
青海土爾扈特部。		東南西北皆界青海和碩特部。所部四旗。
青海輝特部。		東界甘肅。南西北皆界青海和碩特部。所部一旗。
青海喀爾喀部。		東及南皆界青海綽羅斯部。西及北皆界青海和碩特部。所部一旗。

和碩特西前旗	在布喀河南岸	北末旗	玉樹土司	班禪額爾德尼商上堪布喇嘛牧場	甘肅
和碩特前頭旗	南當黃河之曲有小哈柳圖河入於黃河	南右翼中旗	土爾扈特南前旗	南左翼中旗	甘肅
和碩特前左翼頭旗	在大通河南岸	西右翼前旗	北右翼旗及東上旗	甘肅	甘肅
和碩特西後旗	跨柴集河其水北注鹽池	南左翼次旗及班禪商上堪布喇嘛牧場	土爾扈特中旗	南左翼後旗	喀爾喀南右翼旗
和碩特北右翼旗	在青海北岸	東上場	綽羅斯南左翼頭旗	綽羅斯北中旗	前左翼頭旗

和碩特北左翼旗	在布隆吉河南	北右末旗	西右翼中旗	甘肅	甘肅
和碩特南左翼後旗	青海之南	喀爾喀南右翼旗	土爾扈特南中旗	北末旗	青海
和碩特北前旗	在青海西岸	南左翼後旗及綽羅斯北中旗	南左翼後旗	北末旗	甘肅
和碩特南右翼後旗	在青海東岸	甘肅	南右翼末旗	東上旗	前左翼頭旗及西右翼前旗
和碩特西右翼中旗	跨柴達木河	西右翼後旗	玉樹土司	甘肅	北左翼旗

和碩特西右翼前旗	在大通河北岸	甘肅	南翼末旗	前左翼頭旗	甘肅
和碩特南右翼中旗	當魯察布拉山之西	甘肅	土爾扈特南前旗	南左翼中旗	甘肅
和碩特南左翼中旗	西濱黃河有恰克圖河東南來流入之	前頭旗	阿里克土司	阿里克土司	察罕諾們罕喇嘛遊牧地
和碩特北左末旗	在布喀河南岸	北前旗	玉樹土司	西前旗	甘肅
和碩特北右末旗	在布喀河源沙爾池之西	甘肅	西左翼後旗	北左翼旗	甘肅

和碩特東上旗	在青海東北岸	南右翼後旗	綽羅斯右翼頭旗	青海	前左翼頭旗
和碩特南左翼次旗	有鹽池柴集河水注之	班禪商上堪布喇嘛牧地	土爾扈特南中旗	西後旗	綽羅斯南右翼頭旗
和碩特南左翼末旗	當博羅中克克河源	甘肅	輝特南旗	東上旗	西右翼前旗
和碩特南右翼末旗	在黃河北岸有錫尼諾爾	輝特南旗	察罕諾們罕喇嘛遊牧地	班禪商上堪布喇嘛牧地	南右翼後旗
和碩特西右翼後旗	跨柴達木河	西左翼後旗	玉樹土司	西右翼中旗	北左翼旗及北右末旗

和碩特西左翼後旗	跨柴達木河	班禪商上堪布喇嘛駐牧地	玉樹土司	西右翼後旗	北右末旗
綽羅斯南右翼頭旗	當青海東南岸	甘肅	和碩特南左翼次旗	喀爾喀南右翼旗	青海
綽羅斯北中旗	當青海西北岸	和碩特北右翼旗	和碩特北前旗	和碩特北右翼末旗	甘肅
土爾扈特南中旗	當登努爾特達巴罕之陽	和碩特南左翼次旗	西旗	南後旗	喀爾喀南右翼旗
土爾扈特西旗	有泊曰都勒諾爾	察罕諾們罕喇嘛牧地	阿里克土司	阿里克土司	南後旗

土爾扈特南前旗	大哈柳圖河之南小哈柳圖河之北此二河入於黃河	和碩特南右翼中旗	阿里克土司	和碩特南左翼中旗	和碩特前頭旗
土爾扈特南後旗	有薩爾哈布濟海河	南中旗	西旗	班禪商上堪布牧地	和碩特南左翼後旗
輝特南旗	當巴彥諾爾南	甘肅	和碩特南右翼末旗	和碩特南右翼末旗	和碩特南左翼末旗
喀爾喀南右旗	在青海南岸	綽羅斯南右翼頭旗	綽羅斯南右翼頭旗	綽羅斯南左翼後旗	青海

內屬遊牧蒙古

內屬蒙古牧地不一●或在直隸山西邊外●或在唐努烏梁海●或在科布多●其在唐努烏

梁海與科布多者。即前所敘述者也。兹不復贅。而專述其在直隸山西邊外者。曰察哈爾。曰土默特。

一察哈爾

察哈爾。在直隸宣化與山西大同邊外。其地南與山西豐鎮甯遠二廳。及直隸張家口獨石口二廳接。東與直隸多倫諾爾廳接。西與山西歸化城廳接。北與內蒙古阿巴哈納爾右翼蘇尼特左翼蘇尼特右翼四子部落等旗接。凡八旗。分左右翼。左翼四旗曰正藍旗。曰鑲白旗。曰正白旗。曰鑲黃旗。右翼四旗。曰正黃旗。曰正紅旗。曰鑲紅旗。曰鑲藍旗。隸察哈爾都統。

二土默特

土默特。在山西朔平邊外。與民人散處於山西歸化城和林格爾托克托城清水河薩拉齊五廳。凡二旗。曰左翼旗。曰右翼旗。隸綏遠城將軍。

科布多所屬。舊有阿爾泰諾爾烏梁海部。凡二旗。在賽留格木嶺及薩彥嶺之西。

其地有喀屯阿爾泰等河。亨吉阿爾泰等泊。其人屬烏梁海種。而牧於阿爾泰泊之西南。故加以阿爾泰諾爾之號。今皆屬於俄矣。定邊左副將軍所屬唐努烏梁海。舊凡二十五佐領。今祇十五佐領者。尚有阿穆哈河邊之十佐領。今亦屬於俄也。蓋蒙俄之邊界。自雍正五年以來。訂約凡六次。最先者爲雍正五年恰克圖之約。卽車臣汗土謝圖汗唐努烏梁海與俄屬西比里之界約也。考其界。自恰克圖分東西樹立界牌。恰克圖之東。偏北四度。角度三十三里。烏道以下做此爲布爾古台。在齊蘭河西岸。自恰克圖以西。至沙濱達巴哈。凡二十四界牌。恰克圖以東至阿巴海圖。凡六十三界牌。均以布爾古台爲第一起數。布爾古台之東。偏南二十四度。四十二里。爲舍爾巴哈第五界牌。東瀕楚庫河。河之東岸有庫達林斯闊業。俄人所設礮臺也。至此卽泝洄楚庫河爲界。舍爾巴哈之南。偏東四十二度三十分。六十里。爲阿喇呼達喇第八界牌。瀕楚庫河南岸。河北有沙喇果里卡倫。俄人所置。阿喇呼達喇之東。偏南六度。八十四里。爲阿喇哈達音烏蘇第十界牌。瀕楚庫河南岸河北有治達卡倫治達之西二里許有烏爾魯克卡倫皆俄人所置界至此離楚庫河轉而南偏東十九度三十分二十二里即泝洄阿魯哈當蘇河為界阿喇哈達音烏蘇之南偏東二十六度三十分九十六里為烏里雷第十一界牌自恰克圖至此為土謝圖汗與俄屬薩巴喀爾斯開雅之界皆依肯特山支脈布爾罕哈勒都那嶺之北麓若車臣汗部與彼之界則又自烏里雷仍泝洄阿魯哈當蘇河至河之源始離河而東南迤至烏布爾哈達音烏蘇第十二界牌瀕庫諾里河西岸在烏里雷之東偏南三十七度三十分六十四里其北有俄人所設們子卡倫烏布爾哈達音烏蘇之東偏北四度七十里為庫穆倫第十三界牌庫穆倫之東偏南三十一度三十分四十里為奎河第十四界牌庫穆倫與奎河之間為肯特山脈之脊出界處奎河之東偏南十三度十二里為昆古爾特第十五界牌其界牌在敖嫩河北東南迤里許即依敖嫩河為界昆古爾特之東偏南三十度五十八里為呼蘇魯克第十八界牌界至此復與敖嫩河離呼蘇魯克之北界外有

俄人所設阿申戛卡倫。有路西南達庫倫。北出界達阿申戛。呼蘇魯克之東。偏北十五度。三百三十八里。爲阿勒呼特第三十界牌。其西爲敖嫩河出界處。界外有俄人所設上烏里渾卡倫。河西岸有路出界。西南達庫倫。北達上烏里渾。與西南自阿申戛來之路合。自阿申戛至上烏里渾。人行道約三百六七十里。其間俄人凡設卡倫五處。每處皆有水南流入界。注敖嫩河。卽巴爾集等河也。上烏里克叉東北。通阿克沙。阿克沙俄人所置礮臺也。在敖嫩河東岸。阿勒呼特之東。偏北三十一度三十分。二百七里。爲察罕淖爾第四十五界牌。有察罕泊在界外。察罕淖爾之東。偏南二十八度三十分。一百三十里。爲格子蓋第五十界牌。有路南達巴拉斯城。北出界繞塔里泊西。轉繞泊之北。至庫魯蘇台卡倫。又北。達成丹特卡倫。巴拉斯城。一作必拉城。一作巴賴和屯。南瀕克魯倫河。車臣汗盟所也。庫魯蘇台成丹特兩卡倫。皆俄人所置。格子蓋之東。偏南八度。四十六里。爲齊普圖第五十二界牌。有河北流。過界牌。出界卽烏爾冉河也。有路。西南通巴拉斯。齊普圖之東。

偏北十七度三十分。八十里。爲庫別里眞第五十七界牌。其東里許。有路。出界南渡克魯倫河。逾大漠。達多倫諾爾。庫別里眞之東。偏南十六度三十分。七十六里。爲察罕烏魯第五十九界牌。又東則入於黑龍江界矣。自敖嫩河出界處之西。界南依敖嫩河。北依外興安嶺。及其支達烏爾嶺。自敖嫩河出界處之東。至烏爾再河出界處。界北傍敖嫩河。南傍烏爾再河。兩河之間有山。即肯特之支額林達班嶺。自恰克圖至察罕烏魯。爲雍正五年所定之界之東半段。若其西半段。則自恰克圖西迤。至恰克圖之西。偏北二十五度。四十五里。爲鄂羅海圖第二界牌。界牌之西七里許。爲色楞格河出界處。又西迤渡色楞格河。澤勒圖勒河。又西偏南迤。至切日第十界牌。即澤勒圖勒河發源處。界又西北迤於澤德河之南。巴爾圖河之北。至切日之西偏北二十四度。二百里。爲博古圖第十二界牌。在博古圖達班山。界又西北迤。至博古圖之北偏西三十一度。六十四里。爲多什圖第十三界牌。在多什圖達班山。界又西北迤。至克斯尼克圖第十四界牌。即澤德河發源處。在克斯尼克圖山。克斯尼克圖之北。偏東三十二度三十分。一百七十二里。有金屯斯克礅城。自恰克圖至克斯尼克圖。爲土謝圖汗部與俄屬薩巴喀爾斯開雅部之界。若唐努烏梁海與彼之界。則又自克斯尼克圖北迤。約九十里。轉而西。偏北迤。至克斯尼克圖之北。偏西二十三度。一百二十里。爲古爾畢第十五界牌。在古爾畢達班山。又西迤。至古爾畢之西。偏北十七度。八十二里。爲罕憂第十六界牌。其東偏北三十里。有俄人所置罕金卡倫。有路出界。傍義爾古德河南岸東行。至拜喀湖西岸之庫勒圖克。與西比里鐵路接。其入界之路。則分達烏里雅蘇台城及科布多城。又西北迤。至罕憂之西。偏北四十度。九十里。爲努庫圖第十七界牌。在努庫圖達班山。（即努克圖嶺）又西北迤。至努庫圖之西。偏北十二度。一百八十五里。爲額爾吉克塔爾罕台憂第十八界牌。在噎耳奇克達爾噶克山。又北迤。約七十里。轉而西北迤。至第十八界牌之北。偏西三十五度。四百里。爲托羅斯搭班第十九界牌。又西北迤。至第十九界牌之西。偏北二十六度。八十里。界北爲俄之義爾古德部葉尼塞部交界處●界又轉而西南迤●循噎耳奇克達爾噶克山脈●至托羅斯搭班之西●偏南二十六度●四百八十里●爲肯結滅達第二十界牌●又南迤●至第二十界牌之南●偏東十二度●三十六里●爲烏斯第二十一界牌●又轉而東迤●至烏斯之東●偏南一度●五十五里●爲霍甯達巴哈第二十二界牌●又轉而南偏西十五度●十八里●又轉而西●偏南二十二度●二百里●爲克穆克穆齊克第二十三界牌●界牌之東●爲貝克穆河●與克穆齊克河會合出界處●故以二河名名界牌●界又自克穆克穆齊克向西●偏北一度●迤八十里●又轉向西●偏北四十二度●迤二百又四里●爲沙賓達巴哈第二十四界牌●自恰克圖至此●爲雍正五年所定之界之西半段●合東西二半段●乃車臣汗土謝圖汗部及唐努烏梁海北邊之界●按中國與俄羅斯界●亙二萬餘里●惟此界仍舊未改●若唐努烏梁海及科布多西邊之界●則肇端於咸豐十年●始訂於同治三年●再訂於同治八年九年●三訂於光緒九年●每次議界●必蹙地●而以同治三年之約●所失爲尤廣●阿爾泰諾爾烏梁海二旗●及定

邊左副將軍所屬唐努烏梁海十佐領。卽於是約割去矣。綜所失之地。東西二千餘里。南北千八百餘里。面積約一百十餘萬方里。舊界不可考矣。考其新界。則自沙賓達巴哈。向西偏北五度。迤五十四里。轉向南偏東十八度。迤六十里。爲阿賚巴什山口。界又向南。偏西三十七度。迤六十里。爲拜茲山口。界又向西南四十五度。迤四十六里。爲蘇爾達巴哈山口界牌。界又轉而西偏南三十八度。迤五十五里。界又轉而東。偏南四十度。迤三十里。爲喀喇蘇魯克。界又轉而南。偏西七度。迤五十五里。爲呼甯達巴山口。卽薩彥嶺也。界又轉而南。偏東二十九度。迤七十里。爲喀喇塔巴爾罕山口。界又南偏東四十二度三十分。迤九十二里。爲察布禪達巴山口界牌。自喀喇蘇魯克至察布禪。皆薩彥嶺也。自察布禪以東。卽唐努山脈。故同治三年之約。謂察布禪爲唐努鄂拉西邊末處。界又自察布禪南偏西十度。迤四十里。抵根德格圖泊西北岸。界又轉而西。偏北二十度。迤五十里。界又轉而南。偏西十五度。迤六十里。爲博古蘇克山口界牌。卽界約之柏郭蘇克也。自沙賓達巴哈至博果蘇克爲烏里雅蘇台所屬牌博自博果蘇克以南即順賽留格木嶺爲界界自博果蘇克向東偏南二十二度三十分迤三十八里又轉而南偏東十一度迤十四里爲喀喇戛雅山口界又向南偏東一度迤四十六里爲阿斯帕特山口界又向南偏西九度三十分迤三十里爲疊爾邊特達巴哈界牌界又西偏南二十九度三十分迤二十里爲博古特山口界牌又西偏南十四度迤三十五里爲塔爾哈特山峯峯在界內界又至山峯之西偏南二十二度三十分四十二里爲博里齊爾界牌界又轉北偏西三十七度三十分迤二十四里爲察罕布爾哈蘇山口界牌界又轉南偏西十六度迤三十里又轉西偏北十九度迤六十里又西偏南十五度迤五十二里又南偏東十八度迤三十里爲烏蘭達巴界牌界又南偏西四十度迤七十里爲阿爾泰山西垂其北即奎屯山也又轉向西偏北十三度三十分一百二十四里爲哈巴河源（亦作阿克喀巴河）自博果蘇克至此爲科布多所屬牌博自沙賓達巴哈至哈巴河源爲同治三年八年九年所定雖喪

地甚多而至今未改若哈巴河以下則始定於同治三年八年而修改於光緒九年修改之界又較始定之界爲蹙蓋額爾齊斯河下游之齋桑淖爾舊本全在界內自有同治三年八年之約始半出界外然其東半則仍在界內也自有光緒九年修改之約而全出界外矣考其修改之界自哈巴河源南偏西二十四度三十分一百四十二里又西偏南一度逾薩茲山灣五十里又南偏西四十四度又西偏南九度過阿克森阿什奇克眞山梁四十二里抵阿爾噶巴克河界即傍河南偏西十五度三十分迤九十里爲阿爾噶巴克河入額爾齊斯河之口又西則入於新疆界矣噫尺地寸土皆祖宗艱難創闢之業疆臣漫不過問致藩封故壤軼出界外未戰一士未發一矢而喪地一百十八餘萬方里薄海內外惟中國有之殊足令人太息俄人之割阿爾泰諾爾烏梁海及定邊左副將軍所屬唐努烏梁海也約文謂住牧人丁向在何處住牧者仍應留於何處住牧俾伊等安居故土各守舊業是以地面分在何國其人丁即隨地而歸何國管轄遂致阿爾

泰諾爾烏梁海及定邊左副將軍所屬唐努烏梁海之人。亦隨地入俄。俄人不知其爲烏梁海種。而以爲額魯特類。故名之曰額魯特人。今其帖列次闊業湖西南。有額魯特人牧地。即阿爾泰諾爾烏梁海也。帖列次闊業湖。即阿爾泰泊云。又內蒙古外蒙古青海蒙古西套蒙古及科布多唐努烏梁海之外。新疆亦有蒙古。曰南烏訥恩素珠克圖盟。土爾扈特部四旗。曰北烏訥恩素珠克圖盟。土爾扈特部三旗。曰東烏訥恩素珠克圖盟。土爾扈特部二旗。曰西烏訥恩素珠克圖盟。土爾扈特部一旗。曰巴圖賽特奇勒圖盟。和碩特部三旗。凡五盟五部十三旗。然自新疆設立行省後。皆圈於新疆境內。且其區域甚小。與內蒙古外蒙古青海蒙古等絕不聯合。故不復贅。

都會

庫倫在外蒙古土謝圖汗部位圖拉河源之西哈拉河源之東肯特山之西麓蒙古謂城圈曰庫倫其地有喇嘛木柵如城故名南有汗山緜亙高聳茂林如畫周庫倫皆山曲折盤繞深林密箐而汗山最著元太祖嘗爲蔑兒乞所困避於此山因是得名亦因是著名庫倫地勢高於海面四千二百尺故寒多山故多獸地於外蒙古爲適中且爲中俄咽喉故政府置庫倫辦事大臣二人以司中俄界務并貿易事一由在京滿洲蒙古大臣內　簡放一由外蒙古札薩克內　特派其屬有庫倫本院司官二人筆帖式二人恰克圖本院司官一人俄國亦有領事官駐此司其商務領事館在圖拉河右岸之高阜上庫倫有駐防兵二千餘統於辦事大臣語在兵制章市分二區漢蒙分處貨物充牣人烟稠密口三萬餘多喇嘛僧徒土人以運貨爲生或打牲獵獸喇嘛哲布尊丹巴呼圖克圖亦居此宮殿壯麗華美過於寺廟蒙古尊之爲神每夏季來膜拜者肩摩轂擊焉

恰克圖買賣城。在外蒙古土謝圖汗部北境。位色楞格河東岸。當中俄分界處。其地初不甚著。自雍正五年。設中俄互市場。乃百賄雲集。市肆喧闐。爲中俄一鎖鑰。亦爲中俄陸路貿易之要地。商業繁盛。道路平坦。人口三千餘。南走庫倫八百里。貿易品以茶爲大宗。

烏里雅蘇台城。在外蒙古三音諾顏部西北境。位烏里雅蘇台河北。杭愛山之西。爲外蒙古科布多烏梁海之中樞。多河澤。土地沃饒。人民繁庶。定邊左副將軍於此建牙。凡外蒙古科布多烏梁海之兵。皆歸節制。兼司科布多烏梁海邊務。重鎭也。城建於雍正年間。修於乾隆年間。咸豐時。毀而再築。高一丈六尺。厚一丈。周五百丈。皆木柵而實土石於中。城門三。惟北面無門。穿渠於外。引水環之。人口三千餘。有駐防兵。詳兵制章。

科布多城。在科布多。位伊克阿拉克泊西岸。科布多之支流布彥圖河。環流其西與北。三面臨水。而山峯縈回其間。故氣候溫煖。土地肥沃。水草豐茂。人煙尤密。城與烏里雅蘇台城東西並峙。聲息相通。科布多參贊大臣駐之。轄科布多全境。司科布多邊務。而仍歸定邊左副將軍節制。亦有駐防兵語在兵制章。光緒七年條約。允俄設領事官於此城有市場。商賈駢坒。東干之亂。毀而寖不能振。物產以家畜為主。近年穀類亦多。已足供一城之用。駐防兵屯田於此。土人開濬溝渠。以供灌輸。

多倫諾爾。一名喇嘛廟。直隸之散廳也。在內蒙古克什克騰旗西南。內屬蒙古察哈爾東。位灤河北岸。陰山南麓。初本蒙古地。後乃規入直隸。置撫民同知一人。以理民間獄訟幷賦稅。屬口北道。地勢廣漠。無樹木。厥土沙磧。無五穀。昔時不過一小市鎮耳。自康熙年間　聖祖仁皇帝勅造喇嘛大寺二所於此。而蒙古人往來頻繁。乃商務漸盛。居民亦衆。今則人家鱗比。衡宇相望。居然漢漠之間一都會矣。市長三十里。廣十八里。漢蒙異居。道路狹隘。多寺院。大小凡十五。而善因彙宗二大寺最壯麗。聚十五寺之喇嘛僧。竟有二千餘人。貿易以馬市為最盛。

歸化城。土人稱為庫庫和屯。山西省之散廳也。位圖爾根河北岸。陰山之陽。初本蒙古地。後乃規入山西。設撫民同知一人。屬歸綏道。副都統駐之。河套之東一都會也。磚城。

門二。南北各一。外郭建於崇德年間。門三。缺其北。城之四隅有望樓。環以濠。頗堅固。西南地勢開敞。東北層巒疊嶂。屹然雄鎮。人口三萬餘。喇嘛亦二萬。物產以家畜爲大宗。若毛綱。氈毯。製皮。大理石。細工。及油等。亦均著名。毛綱運至天津。輸往歐洲。運駝多至二十萬頭。茶市亦盛。其東北有綏遠城。周六十里。高二丈四尺。相距甚近。亦頗堅固。將軍及歸綏兵備道駐之。重鎮也。二城之北。有翁袞山。爲陰山脈最高之峯。

定遠營。在西套蒙古阿拉善額魯特旗。位賀蘭山陰。當甘肅甯夏府之西。阿拉善札薩克所居也。蒙古稱之曰王爺府。城垣狹隘。土城而木郭。外築三寨。爲犄角之勢。城內駐蒙古兵。城外戶六百。物產以食鹽爲主。駱駝山羊亦甚著。

人種

蒙古人種派別凡五。曰喀爾喀。曰額魯特。曰烏梁海。曰唐古特。曰突厥。喀爾喀爲最多。殆占三分之二。

喀爾喀種。身矮體强。膚黃帶赤。面平鼻低。居於內外蒙古。大半爲元裔也。凡內蒙古之二十四部。內屬蒙古之察哈爾土默特。外蒙古之喀爾喀四部。除附牧外蒙古之額爾特輝特二旗外。皆屬此種。

額魯特種。頭大面黃。鼻低顴黑。目小耳大。西人名之曰加爾瑪克種。或居青海蒙古。或居西套蒙古。或居科布多。其居青海蒙古者。爲青海和碩特部。青海綽羅斯部。青海土爾扈特部。青海輝特部。其居西套蒙古者。爲阿拉善額魯特。額濟納土爾扈特。其居科布多者。爲科布多之杜爾伯特部。并所附輝特旗。新土爾扈特部。新和碩特部。額魯特部。附牧喀爾喀三音諾顏部之額魯特旗。附牧札薩克圖汗部之輝特旗。容貌風俗同於喀爾喀。故可屬喀爾喀種。然或謂額魯特爲元之牧奴。蓋元之都和林也。設四牧風於西。最西者在今額魯特地。額魯特即其牧奴。迨蒙古浸微。額魯特漸强。遂叛而自立云。國初雄長西北。準噶爾和碩特杜爾伯特土爾扈特四部。總稱四衞拉特。迨準噶爾之亂。傷亡甚衆。種遂衰微。今所存者。皆鋒刃餘生也。

烏梁海種。容貌近土耳其人。明人稱爲兀良哈。自稱動巴。居於烏梁海科布多。在唐努山者。爲唐努烏梁海。在科布多者。爲阿爾泰烏梁海。莫知其所出。

唐古特種。身肥肩闊。膚帶淡黑。面長鼻高。毛髮皆黑。脣厚而闊。眼黑而大。即西藏人也。歐人雅金甫氏言青海蒙古西南部。當柴達木河黃河附近。此種甚多。自稱爲阿穆特。蓋四百年前自西藏遷此者也。

突厥種。（或譯作東干西域回族也）身肥膚白。耳小頷圓。面額皆長。髮目俱黑。鬚密眉濃。眼梢向下。居於西套蒙古西邊。在甘肅新疆接界處。蓋甘肅新疆之回族。羼居於此者。故甚少。系出唐時回鶻。回鶻之先。不詳所自。或謂漢人流徙邊地。而服屬謨哈默特教者。或謂與土耳其同族。二說未知孰是。然其容貌。大不類於漢人。後說近之。

又內蒙古南境接近支那處。當長城附近。及興安嶺間。漢蒙雜處。互通婚姻。故多雜種。容貌甚類漢人。風俗大異於蒙古。有村落。事耕作。或採掘鑛山以爲生計。

政體

中國撫馭蒙古之政策。以任用喇嘛教爲要點。蓋蒙古土地遼闊。人民慓悍。習騎射。耐勞苦。好鬬嗜殺。喜動善戰。自昔爲邊患。故因其崇信喇嘛。而以神權治之也。自蒙古奉喇嘛教以來。好鬬嗜殺之性。除喜動善戰之風替。高宗純皇帝旣平準噶爾。而蒙古各部帖耳俯首。奉令惟謹。者馭之在此策耳。雖然。蒙古從此弱矣。佛教之束縛人心如此。

蒙古全部之政令。總於理藩院。理藩院之職。掌外藩之政令者也。其屬有旗籍淸吏司。王會淸吏司者。分掌內蒙古及內屬蒙古土默特。有典屬淸吏司。柔遠淸吏司者。分掌外蒙古靑海蒙古西套蒙古及內屬蒙古察哈爾。又有理刑淸吏司者。專掌外藩刑罰之事。嘉慶二十三年

欽定大淸會典曰。理藩院尚書。滿洲一人。左侍郎。滿洲一人。右侍郎。滿洲一人。額外侍郎。蒙古一人。掌外藩之政令。制其爵祿。定其朝會。正其刑罰。尚書侍郎率其屬以定議。大事則上之。小事則行之。又曰。旗籍淸吏司。郎中。滿洲一

人蒙古二人員外郎宗室一人滿洲一人蒙古二人主事滿洲一人掌考內札薩克之疆理敘其封爵與其譜系凡官屬部衆會盟軍旅郵傳之事皆掌之掌遊牧之內屬者又曰王會清吏司郎中滿洲一人蒙古二人員外郎滿洲二人蒙古三人主事蒙古二人掌頒祿於內札薩克而治其朝貢燕饗賚予之事又曰典屬清吏司郎中滿洲一人蒙古一人員外郎滿洲二人蒙古六人主事滿洲一人蒙古一人掌覈外札薩克部旗之事治其郵驛互市則頒其禁令凡內外之喇嘛皆掌之掌遊牧之內屬者又曰柔遠清吏司郎中宗室一人員外郎滿洲二人蒙古五人主事蒙古一人掌外札薩克喇嘛祿廩朝貢之事又曰理刑清吏司郎中蒙古二人員外郎滿洲二人蒙古四人主事蒙古一人掌外藩各部刑罰之事按如會典理藩院官有滿洲人有蒙古人而無漢人蓋設官之深意也

旗置長曰札薩克統治一旗儼若國君其輔曰協理台吉同札薩克辦理旗務其屬曰管旗章京統管一旗之事曰副章京分管一旗之事曰參領曰佐領曰驍騎校協理台

吉旗或二人或四人。管旗章京旗一人。副章京而下。視其佐領之衆寡而設之。旗析爲佐領。凡佐領之丁。百有五十。每一佐領設佐領一人。領催六人。驍騎校一人。族長每族一人。什長每十家一人。滿六佐領設參領一人。六佐領以上設副章京一人。十佐領以上二人。

蒙古之有爵者。其等六。一曰親王。二曰郡王。三曰貝勒。四曰貝子。五曰鎭國公。六曰輔國公。六等之外。又有汗。又有台吉塔布囊。汗列王貝勒貝子公之右。台吉塔布囊同爵而異名。列王貝勒貝子公之下。台吉塔布囊亦有四等。一等台吉塔布囊視一品。二等台吉塔布囊視二品。三等台吉塔布囊視三品。四等台吉塔布囊視四品。凡封爵。辨其勳戚忠勤之差。其襲爵有世襲罔替者。有請 旨或降或否者。

札薩克皆有爵。有世襲者。有請 旨簡放者。協理台吉。擇有爵而明敏能轄衆者當之。缺出。由札薩克會同盟長保舉正陪。送院引 見補放。管旗章京副章京。以台吉塔布囊之壯健能轄衆者爲之。缺出。由札薩克於本旗內擇人補放。如不得其人。以參領選補。參領亦於台吉塔布囊內補放。如不得其人。以佐領選補。佐領亦於台吉塔布囊內補放。如不得其人。以驍騎校選補。驍騎校於部衆內選有力者充補。

蒙古有爵人員。時有增除升降。故無定額。據嘉慶年間調查之數。汗凡四。親王十一。郡王二十八。貝勒二十七。貝子二十七。鎭國公二十。輔國公四十八。台吉七十九。塔布囊二。（台吉塔布囊惟舉任札薩克者與加銜者）又有三等公一。不入鎭國輔國者也。茲列其表如左。

地＼爵	汗 札薩克	汗 閒散	親王 札薩克	親王 閒散
內蒙古			三	一
外蒙古	三		五	
青海蒙古				
西套蒙古			一	
科布多	一		一	
內屬蒙古				

郡王 札薩克	郡王 閒散	貝勒 札薩克	貝勒 閒散	貝子 札薩克	貝子 閒散	鎮國公 札薩克	鎮國公 閒散	輔國公 札薩克	輔國公 閒散
一三	四	一一	六	八	八	四	五	三	一三
六		四	一	五	一	六	二	一七	六
三		二		三				四	
		一					二		
二		二		二		一		二	三等公一
									三

一等台吉塔布囊						
札薩克	六	四二	一八		七	
閒散	二	五				一

合一部數旗數部數旗●而商榷利害保護安甯●是之爲盟●盟設盟長一人●副盟長一人●皆於同盟之札薩克內●由院開列請
旨簡放●凡旗務之大者●皆由盟長會同札薩克辦理●盟內各旗●每年各須差人至盟長處値班●

盟長札薩克外●政府又設駐防大臣以制馭蒙古●於外蒙古●曰定邊左副將軍●曰定邊參贊大臣●曰烏里雅蘇台參贊大臣●皆駐烏里雅蘇台城●統外蒙古烏梁海之兵●於科布多●曰科布多參贊大臣●曰科布多幫辦大臣●皆駐科布多城●轄科布多全境●仍歸定邊左副將軍節制●於青海蒙古●曰西甯辦事大臣●駐甘肅西甯府●轄青海全境●於內屬蒙古察哈爾●曰察哈爾都統●曰察哈爾副都統●駐直隸宣化府●於內屬蒙古土默特●曰綏遠城將軍●駐綏遠城●曰歸化城都統●駐歸化城●惟內蒙古與西套蒙古無駐防●駐防

大臣之權。駕盟長札薩克上。皆滿缺。無漢缺。每三年。則同盟各旗。會盟一次。屆時札薩克以下集於盟所。內蒙古則　欽差大臣四人。奉　制書以涖盟。外蒙古則駐防大臣派員二人涖盟。蒙古各部有不成旗者。唐努烏梁海是也。凡不成旗者。不置札薩克。亦有成旗而不置札薩克者。科布多之阿爾泰烏梁海。明阿特。額魯特。札哈沁是也。凡不置札薩克者。不設盟。亦有置札薩克而不設盟者。科布多之和碩特。西套蒙古之額魯特土爾扈特是也。凡無札薩克者。以駐防大臣轄之。又青海之盟無長。以西甯辦事大臣涖盟。內屬蒙古之察哈爾編爲八旗。土默特與民人雜處。故其政體特別於他部。無札薩克。亦無盟長。徑屬於駐防大臣。

蒙古各部官制等列表如左

地／政	駐防	盟名	旗名	札薩克爵名	札薩克駐所	佐領數

內蒙古　無

哲里木盟　盟地在右翼中旗境內

科爾沁右翼中旗	和碩土謝圖親王	巴音和碩之南曰塔克禪	二二
科爾沁左翼中旗	和碩達爾漢親王	西遼河之北伊克唐噶里克城	四六
科爾沁右翼前旗	多羅札薩克圖郡王	錫拉布爾哈蘇	一六
科爾沁左翼前旗	多羅冰圖郡王	伊克岳里泊	三
科爾沁左翼後旗	多羅郡王	雙和爾山	三
科爾沁右翼後旗	鎮國公	額木圖城	一六
札賚特旗	多羅貝勒	圖卜紳察罕坡	一六
杜爾伯特旗	固山貝子	多克多爾坡	二五
郭爾羅斯前旗	鎮國公	固爾班察罕	二三

郭爾羅斯後旗	輔國公	榛子嶺土名嘉珠溫都爾	三四
卓索圖盟 盟地在土默特右翼境內			
喀喇沁右翼旗	多羅杜棱郡王	錫伯河莊	四四
喀喇沁中旗	貝勒銜輔國公	珠布格朗圖巴顏喀喇山	一
喀喇沁左翼旗	固山貝子	巴顏珠爾搭	四〇
土默特左翼旗	多羅達爾漢貝勒	哈特哈山	八〇
土默特右翼旗	郡王品級固山貝子	巴顏和碩亦名大華山	九七
附土默特左翼遊牧	多羅貝勒		二
昭烏達盟			
敖漢旗	多羅郡王	固爾班圖勒噶山一名鼎足山	五五
奈曼旗	多羅達爾漢郡王	彰武臺	五〇

盟地在翁牛特左翼境內

巴林右翼旗	親王品級多羅郡王	托盃山	二六
巴林左翼旗	固山貝子	阿察圖陀羅海	一六
札魯特左翼旗	多羅貝勒	齊齊靈花陀羅海山北	一六
札魯特右翼旗	多羅達爾漢貝勒	圖爾南	一六
阿魯科爾沁旗	多羅貝勒	琿圖爾山東托果木台	五〇
翁牛特左翼旗	多羅杜棱郡王	札喇峯西綽克溫都爾	二〇
翁牛特右翼旗	多羅達爾漢岱青貝勒	哈齊特呼朗	三〇
克什克騰旗	一等台吉	吉拉巴斯峯	一〇
喀爾喀左翼旗	多羅貝勒	察罕和碩圖	一

錫林郭勒盟

盟地在阿巴噶左翼阿巴哈納爾左翼兩旗界內

烏珠穆沁右翼旗	和碩車臣親王	巴克蘇爾哈台山	二一
烏珠穆沁左翼旗	多羅額爾德尼貝勒	鄂爾虎河之側奎蘇陀羅海	九
浩齊特右翼旗	多羅郡王	烏默黑塞里	五
浩齊特左翼旗	多羅額爾德尼郡王	特古力克呼圖克窩欽	五
蘇尼特右翼旗	多羅杜稜郡王	薩敏錫勒山	一三
蘇尼特左翼旗	多羅郡王	和林圖察伯台岡	二〇
阿巴噶左翼旗	多羅卓里克圖郡王	巴顏額倫	一一
阿巴噶右翼旗	多羅郡王	科布爾泉	一一
阿巴哈納爾右翼旗	多羅貝勒	昌圖山一名永安山	七

	阿巴哈納爾左翼旗	固山貝子	烏勒㞒陀羅海	九
烏蘭察布盟	四子部落旗	多羅達爾漢卓里克圖郡王	烏蘭額爾濟坡	二〇
	茂明安旗	一等台吉	徹特塞里	四
	烏喇特中旗	輔國公	哈達瑪爾（一名鐵柱谷）	一六
	烏喇特前旗	鎮國公	同前	一二
	烏喇特後旗	鎮國公	同前	六
	喀爾喀右翼旗	多羅達爾罕貝勒	塔爾渾河	四
伊克昭盟	鄂爾多斯左翼中旗	多羅郡王	鄂錫喜峯	一七
	鄂爾多斯右翼中旗	多羅貝勒	錫喇布里多諾爾	八四

盟地在所部境內卽五藍义拍山

鄂爾多斯左翼前旗	固山貝子	札拉谷	四二
鄂爾多斯左翼後旗	固山貝子	巴爾哈遜湖	四〇
鄂爾多斯右翼前旗	固山貝子	巴哈諾爾	四二
鄂爾多斯右翼後旗	固山貝子	鄂爾吉虎諾爾	三六
鄂爾多斯右翼前末旗	一等台吉	依右翼前旗	一三

外蒙古

定邊左副將軍　定邊參贊

汗阿林盟

土謝圖汗旗	斡齊賚巴圖土謝圖汗		一
右翼左旗	和碩親王		七半
中右旗	多羅郡王		三
左翼中旗	多羅郡王		一四

大臣烏里雅蘇台參贊大臣

中旗	固山貝子			四
左翼後旗	鎮國公			四
中翼末旗	輔國公			一
左翼左中末旗	輔國公			一
右翼右旗	輔國公			一
左翼前旗	輔國公			三
右翼右末旗	輔國公			一
中左旗	公品級一等台吉			一
左翼右末旗	一等台吉			五

		左翼末旗	一等台吉		一
		左翼中左旗	一等台吉		一
		中次旗	一等台吉		一
		右翼右末次旗	一等台吉		一半
		右翼左後旗	一等台吉		一
		中左翼末旗	一等台吉		四
		右翼左末旗	一等台吉		一
	齊齊爾里	三音諾顏旗	和碩親王		四半
		中左末旗	和碩親王		四

克盟

右翼右後旗	多羅郡王			二
中右旗	多羅郡王			一
中前旗	多羅貝勒			一
中左旗	多羅貝勒			三
中末旗	鎮國公			一
右翼中左旗	輔國公			四
右翼末旗	輔國公			二
右翼前旗	輔國公			一
中後旗	輔國公			一

左翼左旗	輔國公			二
左翼中旗	公品級一等台吉			
左翼右旗	一等台吉			三
左翼左末旗	一等台吉			一
右翼中末旗	一等台吉			一
右翼左末旗	一等台吉			一
右末旗	一等台吉			一
右翼中右旗	一等台吉			
右翼後旗	一等台吉			一

中後末旗	一等台吉		一
中右翼末旗	一等台吉		
附額魯特旗	固山貝子		一
附額魯特前旗	固山貝子		一
喀魯倫巴爾和屯盟			
格根車臣汗旗	格根車臣汗		二
左翼中旗	和碩親王		二
中右旗	多羅郡王		四
右翼中旗	多羅貝勒		八
中末旗	固山貝子		三

中左旗	固山貝子	二半
中後旗	輔國公	一半
左翼前旗	鎮國公	一半
右翼中右旗	輔國公	一半
左翼後旗	一等台吉	二半
左翼後末旗	公品級一等台吉	一半
右翼後旗	一等台吉	三
中末右旗	一等台吉	一
右翼中左旗	一等台吉	一

右翼前旗	一等台吉		一半
右翼左旗	一等台吉		半
中末次旗	一等台吉		一半
左翼右旗	一等台吉		一
中右後旗	一等台吉		半
左翼左旗	一等台吉		一半
中左前旗	一等台吉		一
中前旗	一等台吉		五
右翼中前旗	一等台吉		一

札克必拉色欽畢都哩雅爾諾盟

札薩克圖汗旗兼管右翼左旗	額爾德尼弼什哷勒圖札薩克圖汗兼多羅郡王爵			三
中左翼左旗	郡王品級多羅貝勒			二
左翼中旗	鎮國公			一
右翼後旗	一等台吉			一
左翼右旗	鎮國公			一
左翼前旗	輔國公			二
左翼後末旗	一等台吉			一
右翼右末旗	輔國公			二
中左翼右旗	輔國公			一

右翼右旗	輔國公			一
左翼後旗	輔國公			一
中左翼末旗	輔國公			一
右翼後末旗	一等台吉			一
中右翼左旗	一等台吉			一
右翼前旗	一等台吉			一半
左翼左旗	一等台吉			一
中右翼末次旗	一等台吉			一
中左翼末旗	一等台吉			一

青海蒙古

西甯辦事大臣

青海盟

附輝特旗	一等台吉			一
和碩特西前旗	親王品級多羅郡王			八
和碩特前頭旗	多羅郡王			一一
和碩特前左翼頭旗	多羅郡王			九
和碩特西後旗	多羅貝勒			九
和碩特北右翼旗	固山貝子			六
和碩特北左翼旗	貝勒品級固山貝子			三
和碩特南左翼後旗	輔國公			一
和碩特北前旗	輔國公			二

和碩特南右翼後旗	輔國公			四
和碩特西右翼中旗	一等台吉			一
和碩特西右翼前旗	一等台吉			二
和碩特南右翼中旗	一等台吉			五
和碩特南左翼中旗	一等台吉			四
和碩特北左末旗	一等台吉			四
和碩特北右末旗	一等台吉			二
和碩特東上旗	一等台吉			一
和碩特南左翼次旗	一等台吉			九

和碩特南左翼末旗	一等台吉		二
和碩特南右翼末旗	一等台吉		一
和碩特西右翼後旗	一等台吉		一
和碩特西左翼後旗	一等台吉		一
綽羅斯南右翼頭旗	多羅貝勒		四
綽羅斯北中旗	固山貝子		二半
土爾扈特南中旗	一等台吉		四
土爾扈特西旗	一等台吉		四
土爾扈特南前旗	一等台吉		一

			土爾扈特南後旗	一等台吉		三
			輝特南旗	貝子品級輔國公		一
			喀爾喀南右旗	一等台吉		一
西套蒙古	無	不設盟	阿拉善額魯特旗	和碩親王		八
			額濟納土爾扈特旗	多羅貝勒		一
科布多	參贊大臣	賽音濟雅哈圖盟左翼	杜爾伯特汗旗	特因斯庫魯克達額汗		一〇
	幫辦大臣		中旗	多羅郡王		一
			中左旗	多羅貝勒		一
			中前旗	輔國公		一

俱歸定邊左副將軍節制

中後旗	輔國公		一
中上旗	固山貝子		一
中下旗	一等台吉		一
中前左旗	一等台吉		一
中前右旗	固山貝子		一
中後左旗	一等台吉		一
中後右旗	一等台吉		
附輝特下前旗	一等台吉		一

賽音

前旗	和碩親王		二

濟雅哈圖盟右翼	前右旗	多羅貝勒			二
	中右旗	固山貝子			一
	附輝特下後旗	一等台吉			一
青色特起勒圖盟	土爾扈特新右旗	多羅弼里克圖郡王			一
	土爾扈特新左旗	固山烏察喇勒圖貝子			二
不設盟	新和碩特旗	一等台吉			一
	阿爾泰烏梁海凡七旗	無			七
	阿爾泰諾爾烏梁海凡二旗	無			二
	明阿特旗	無			二

			札哈沁旗	無			四
			額魯特旗	無			二
烏梁海	定邊左副將軍	無	無	無 徑屬定邊左副將軍			二五
			無	無 屬札薩克圖汗部			五
			無	無 屬三音諾顏部			一三
			無	無 屬哲布尊丹巴呼圖克圖喇嘛			三
內屬蒙古	察哈爾都統	無	察哈爾左翼正藍旗	無			
			察哈爾左翼正白旗	無			
			察哈爾左翼鑲白旗	無			

察哈爾副都統			
察哈爾左翼鑲黃旗	無		
察哈爾右翼正黃旗	無		
察哈爾右翼正紅旗	無		
察哈爾右翼鑲紅旗	無		
察哈爾右翼鑲藍旗			以上八旗共一二〇
綏遠城將軍歸化城都統			
	無		
土默特左翼旗	無		四九
土默特右翼旗	無		

右表係據道光年間調查之數●自此至今●不無變動●然較嘉慶年間已有不同●茲為比較列表如左●

爵 ／ 地	汗 札薩克 嘉慶年	汗 札薩克 道光年	親王 札薩克 嘉慶年	親王 札薩克 道光年	郡王 札薩克 嘉慶年	郡王 札薩克 道光年	貝勒 札薩克 嘉慶年	貝勒 札薩克 道光年
內蒙古			三	三	一三	一六	一一	一二
外蒙古	三	三	五	四	六	五	四	四
青海蒙古					三	三	二	二
西套蒙古			一	一			一	一
科布多	一	一	一	一	二	二	二	二

貝子札薩克	嘉慶年	八	五	三		二
	道光年	九	五	三		四
鎮國公札薩克	嘉慶年	四	六			一
	道光年	四	五			
輔國公札薩克	嘉慶年	三	一七	四		二
	道光年	三	一八	四		二
一等台吉札薩克	嘉慶年	六	四二	一八		七
	道光年	三	四二	一七		七

蒙古稽覈生齒之制。三歲一編審。年六十以下十八以上皆入册。有疾者除之。編審之年。札薩克以下。什長以上。按佐領察覈。造印册。令協理台吉會同管旗章京送理藩院。

隱匿人丁者。札薩克協理台吉管旗章京副章京參領佐領驍騎校皆論罰。領催什長鞭責。其田賦徭役戶籍婚嫁賞䘏禁約等制。皆理藩院之旗籍典屬二司所掌。各札薩克受事奉行。而會盟之時。則涖盟大臣比其丁口。平其獄訟。若蒙古之無札薩克者。則所有政令。盡掌於駐防大臣。

徭賦之制。王公台吉等徵收屬下人。有五牛以上者。取羊一。有二十羊以上者。取羊一。有四十羊以上者。取羊二。雖多不得增取。有二牛者。取米六鍋。有一牛者。取米三鍋。其進貢會盟移營嫁娶等事。所屬有百家以上者。於十家內取馬一匹。牛車一輛。有三乳牛以上者。取奶子一肚。有五乳牛以上者。取奶子酒一瓶。有百牛以上者。增取氈一條。隨丁。親王六十。郡王五十。貝勒四十。貝子三十五。一等台吉十五。二等台吉十二。三等台吉八。四等台吉管旗章京皆四。副章京二。參領佐領皆一。每十五丁。給耕牧地二十方里。

蒙古爵員之祿。有俸銀。有俸幣。額視其爵之等。惟內蒙古科爾沁部服屬最先。從龍佐

命屢立大功世爲柿附故其俸特優異於他部玆列其表如左

汗 科爾沁親王	俸銀二千五百兩	俸緞四十疋
親王	俸銀二千兩	俸緞二十五疋
科爾沁郡王	俸銀一千五百兩	俸緞二十疋
郡王	俸銀一千二百兩	俸緞十五疋
貝勒	俸銀八百兩	俸緞十三疋
貝子	俸銀五百兩	俸緞十疋
鎭國公	俸銀三百兩	俸緞九疋
輔國公	俸銀二百兩	俸緞七疋
札薩克台吉塔布囊	俸銀一百兩	俸緞四疋

蒙古各部自汗王以下朝正於 京師●分班而至●謂之年班●內蒙古合內屬蒙古之土默特班三●每歲一班●三歲而徧●外蒙古合西套蒙古班六●每歲一班●六歲而徧●青海蒙古班四●每歲一班●四歲而徧●科布多之杜爾伯特土爾扈特班四●間歲一班●八歲而徧●內屬蒙古之察哈爾班五●茲據嘉慶年間所調查列表如左●

班／地	內蒙古合內屬蒙古之土默特	
第一班	科爾沁左翼中旗閒散親王一人	科爾沁左翼中旗札薩克親王一人
第二班	喀喇沁右翼旗札薩克郡王一人	奈曼旗札薩克郡王一人
第三班	科爾沁右翼中旗札薩克親王一人	烏珠穆沁右翼旗札薩克親王一人
第四班		
第五班		
第六班		

巴林右翼旗札薩克郡王一人	科爾沁右翼前旗札薩克郡王一人	敖漢旗閒散郡王一人	蘇尼特右翼旗札薩克郡王一人	浩齊特右翼旗札薩克郡王一人
科爾沁左翼中旗閒散郡王一人	翁牛特右翼旗札薩克郡王一人	四子部落旗札薩克郡王一人	鄂爾多斯左翼中旗札薩克郡王一人	蘇尼特左翼旗札薩克郡王一人
科爾沁左翼後旗札薩克郡王一人	科爾沁左翼前旗札薩克郡王一人	敖漢旗閒散郡王一人	阿巴噶右翼旗札薩克郡王一人	科爾沁左翼中旗閒散貝勒一人

阿巴噶左翼旗札薩克郡王一人	科爾沁右翼中旗閒散貝勒一人	翁牛特左翼旗札薩克貝勒一人	鄂爾多斯右翼中旗札薩克貝勒一人	烏珠穆沁左翼旗札薩克貝勒一人
浩齊特左翼旗札薩克郡王一人	札賚特旗札薩克貝勒一人	札魯特左翼旗札薩克貝勒一人	蘇尼特左翼旗閒散貝勒一人	茂明安旗閒散貝勒一人
土默特左翼旗札薩克貝勒一人	阿魯科爾沁旗札薩克貝勒一人	札魯特右翼旗札薩克貝勒一人	喀爾喀右翼旗札薩克貝勒一人	附土默特左翼遊牧閒散貝勒一人

阿巴哈納爾右翼旗札薩克貝勒一人	敖漢旗閒散貝子一人	科爾沁左翼中旗閒散貝子一人
喀爾喀左翼旗札薩克貝勒一人	阿巴哈納爾左翼旗札薩克貝子一人	翁牛特右翼旗閒散貝子一人
土默特右翼旗札薩克貝子一人	巴林左翼旗札薩克貝子一人	鄂爾多斯右翼後旗札薩克貝子一人
巴林左翼旗閒散貝子一人	鄂爾多斯右翼前旗札薩克貝子一人	鄂爾多斯左翼後旗札薩克貝子一人
阿巴噶左翼旗閒散貝子一人	鄂爾多斯左翼前旗札薩克貝子一人	杜爾伯特旗札薩克貝子一人

烏珠穆沁右翼旗閒散鎮國公一人	科爾沁左翼中旗閒散輔國公一人	科爾沁左翼後旗閒散輔國公一人	喀喇沁中旗札薩克輔國公一人	喀喇沁中旗閒散輔國公一人
喀爾喀右翼旗閒散貝子一人	郭爾羅斯前旗札薩克鎮國公一人	翁牛特右翼旗閒散鎮國公一人	札魯特右翼旗閒散鎮國公一人	科爾沁左翼中旗閒散輔國公一人
喀爾喀右翼旗閒散貝子一人	科爾沁右翼後旗札薩克鎮國公一人	敖漢旗閒散鎮國公一人	烏喇特前旗札薩克鎮國公一人	烏喇特後旗札薩克鎮國公一人

喀喇沁右翼旗閒散輔國公一人	喀喇沁右翼旗閒散輔國公一人	喀爾喀右翼旗閒散鎮國公一人
烏喇特中旗札薩克輔國公一人	郭爾羅斯後旗札薩克輔國公一人	科爾沁左翼中旗閒散輔國公一人
烏珠穆沁右翼旗閒散輔國公一人	茂明安旗札薩克一等台吉一人	蘇尼特右翼旗閒散輔國公一人
歸化城土默特閒散輔國公一人	鄂爾多斯右翼前末旗札薩克一等台吉一人	阿巴噶左翼旗閒散輔國公一人
阿巴噶右翼旗札薩克一等台吉一人	敖漢旗札薩克一等台吉一人	克什克騰旗札薩克一等台吉一人

喀喇沁左翼旗札薩克一等塔布囊一人

外蒙古合西套蒙古

車臣汗旗汗一人

三音諾顏旗親王一人

阿拉善額魯特旗札薩克親王一人

土謝圖汗旗汗一人

土謝圖汗右翼左旗札薩克親王一人

札薩克圖汗兼右翼左旗汗一人

土謝圖汗左翼中旗札薩克郡王一人

三音諾顏中前旗札薩克貝勒一人

札薩克圖汗中左翼左旗札薩克貝勒一人

三音諾顏中左末旗札薩克親王一人

三音諾顏中右旗札薩克郡王一人

車臣汗左翼中旗札薩克親王一人

車臣汗中左旗札薩克貝子一人

車臣汗右翼中旗札薩克貝勒一人

土謝汗右翼右末旗札薩克輔國公一人

三音諾顏右翼右後旗札薩克郡王一人

三音諾顏中左旗札薩克貝勒一人

土謝圖汗中右旗札薩克郡王一人

車臣汗中末旗札薩克貝子一人

土謝圖汗中旗札薩克貝子一人

三音諾顏右翼前旗札薩克輔國 公一人

三音諾顏額魯特前旗札薩克貝子一人

阿拉善額魯特旗閒散鎮國公一人

額濟額土爾扈特旗札薩克貝勒一人

三音諾顏中末旗札薩克鎮國公一人

三音諾顏中左末旗閒散貝子一人

三音諾顏中後旗札薩克輔國公一人

札薩克圖汗左翼右旗札薩克鎮國公一人

札薩克圖汗左翼中旗札薩克鎮國公一人

三音諾顏額魯特旗札薩克貝子一人

土謝圖汗左翼後旗札薩克鎮國公一人

車臣汗左翼前旗札薩克鎮國公一人

札薩克圖汗右翼右旗札薩克輔國公一人

三音諾顏旗閒散鎮國公一人

阿拉善額魯特旗閒散鎮公國一人

車臣汗中前旗閒散鎮國公一人

札薩克圖汗中右翼末旗札薩克輔國公一人

土謝圖汗中右末旗札薩克輔國公一人

三音諾顏中左末旗閒散輔國公一人

札薩克圖汗左翼後旗札薩克輔國公一人

三音諾顏中末旗閒散輔國公一人

三音諾顏右翼末旗札薩克輔國公一人

札薩克圖汗中左翼右旗札薩克輔國公一人

三音諾顏右翼中左旗札薩克輔國公一人

車臣汗右翼中前旗札薩克一等台吉一人

三音諾顏左翼左旗札薩克輔國公一人

車臣汗左翼末旗札薩克一等台吉一人

土謝圖汗左翼左中末旗札薩克輔國公一人

三音諾顏中左末旗閒散輔國公一人

札薩克圖汗旗閒散三等台吉一人

土謝圖汗右翼末次旗札薩克一等台吉一人

札薩克圖汗左翼前旗閒散輔國公一人

土謝圖汗左翼末旗札薩克一等台吉一人

土謝圖汗右翼右旗札薩克輔國公一人

土謝圖汗左翼中左旗札薩克一等台吉一人	土謝圖汗中左翼末旗札薩克一等台吉一人	三音諾顏左翼右旗札薩克一等台吉一人	三音諾顏中後末旗札薩克一等台吉一人	札薩克圖汗輝特旗札薩克一等台吉一人
三音諾顏左翼中旗札薩克一等台吉一人	土謝圖汗中左旗札薩克一等台吉一人	三音諾顏右翼左末旗札薩克一等台吉一人	車臣汗右翼中左旗札薩克一等台吉一人	三音諾顏右翼中右旗札薩克一等台吉一人
車臣汗中末右旗札薩克一等台吉一人	車臣汗右翼後旗札薩克一等台吉一人	三音諾顏右翼後旗札薩克一等台吉一人	札薩克圖汗左翼後末旗札薩克一等台吉一人	車臣汗左翼右旗札薩克一等台吉一人
土謝圖汗左翼前旗札薩克輔國公一人	車臣汗右翼中右旗札薩克輔國公一人	三音諾顏右翼右旗閒散輔國公一人	車臣汗旗閒散輔國公一人	車臣汗左翼左旗札薩克一等台吉一人
土謝圖汗左翼右末旗札薩克一等台吉一人	三音諾顏左翼左末旗札薩克一等台吉一人	札薩克圖汗中左翼末旗札薩克一等台吉一人	札薩克圖汗右翼前旗札薩克一等台吉一人	三音諾顏右翼中末旗札薩克一等台吉一人
土謝圖汗右翼左末旗札薩克一等台吉一人	三音諾顏中右翼末旗札薩克一等台吉一人	札薩克圖汗右翼後末旗札薩克一等台吉一人	車臣汗右翼左旗札薩克一等台吉一人	車臣汗右翼前旗札薩克一等台吉一人

				青海蒙古
				和碩特西前旗札薩克郡王一人
土謝圖汗中次旗札薩克一等台吉一人	札薩克圖汗右翼後旗札薩克一等台吉一人	車臣汗左翼後旗札薩克一等台吉一人	札薩克圖汗右翼末次旗札薩克一等台吉一人	和碩特前頭旗札薩克郡王一人
三音諾顏中右旗閒散二等台吉一人	三音諾顏中左末旗閒散一等台吉一人	車臣汗中右後旗札薩克一等台吉一人		和碩特南右翼後旗札薩克輔國公一人
三音諾顏右末旗札薩克一等台吉一人	車臣汗中末次旗札薩克一等台吉一人			和碩特前左翼頭旗札薩克郡王一人
土謝圖汗右翼左後旗札薩克一等台吉一人	土謝圖汗右翼左旗閒散一等台吉一人	三音諾顏中左末旗閒散一等台吉一人		
車臣汗中左前旗札薩克一等台吉一人	札薩克圖汗中右翼左旗札薩克一等台吉一人	三音諾顏中左末旗閒散四等台吉一人		

綽羅斯前右翼頭旗札薩克貝勒一人	和碩特西後旗札薩克貝勒一人	和碩特北前旗札薩克輔國公一人	和碩特北右翼旗札薩克貝子一人
和碩特北左翼旗札薩克貝子一人	輝特南旗札薩克輔國公一人	和碩特西右翼後旗札薩克一等台吉一人	和碩特西左翼後旗札薩克一等台吉一人
綽羅斯北中旗札薩克貝子一人	和碩特南右翼中旗札薩克一等台吉一人	和碩特南左翼中旗札薩克一等台吉一人	土爾扈特南前旗札薩克一等台吉一人
和碩特南左翼後旗札薩克輔國公一人	和碩特北右末旗札薩克一等台吉一人	土爾扈特南後旗札薩克一等台吉一人	喀爾喀南旗札薩克一等台吉一人
和碩特北左末旗札薩克一等台吉一人	土爾扈特西旗札薩克一等台吉一人	和碩特西右翼前旗札薩克一等台吉一人	和碩特南左翼末旗札薩克一等台吉一人

		科布多之杜爾伯特土爾扈特		
土爾扈特南中旗札薩克一等台吉一人		未詳		
和碩特南右翼末旗札薩克一等台吉一人		未詳		
		未詳		
和碩特西右翼中旗札薩克一等台吉一人	和碩特東上旗札薩克一等台吉一人	未詳		

內屬蒙古之察哈爾	
未詳	
未詳	
未詳	
未詳	
未詳	

凡各部不值年班之歲•仍各派協理台吉一人至京•其不至京者•每遇元旦•皆會集札薩克處•望　闕遙賀•

內蒙古札薩克•歲貢羊一頭•乳酒一缾•台吉則或羊或兔•若外蒙古西套蒙古札薩克•則貢羊馬•青海蒙古•則貢藏香氆氌•科布多之杜爾伯特土爾扈特和碩特•則貢羊馬佩刀手槍•皆不定額•於年班至京進貢•不貢者聽•惟外蒙古之車臣汗土謝圖汗•歲貢白駝一•白馬八•謂之九白之貢•貢道皆有定•或自山海關•或自喜峯口•或自獨石口•或自張家口•或自殺虎口•茲舉內蒙古各部•列表以見其餘•

貢道＼盟	哲里木盟	卓索圖盟	昭烏達盟
山海關	科爾沁部 札賚特部 杜爾伯特部 郭爾羅斯部		
喜峯口		喀喇沁部 土默特部	敖部 奈部 札魯特部 阿魯科爾沁
獨石口			巴林部 克什克騰部
張家口			
殺虎口			

	錫林郭勒盟	烏蘭察布盟
部 翁牛特部 喀爾喀左翼部		
	烏珠穆沁部 浩齊特部	
	蘇尼特部 阿巴噶部 阿巴哈納爾部	四子部落 茂明安部 喀爾喀右翼部
		烏喇特部

伊克昭盟

山海關在直隸永平府臨榆縣東盛京錦州府甯遠州西南北負陰山南臨渤海長城隘口也

喜峯口在直隸遵化州東北承德府平泉州西南長城隘口也以上二口在京師東北

獨石口在直隸獨石口廳長城隘口也

張家口在直隸張家口廳長城隘口也

鄂爾多斯部

殺虎口在山西朔平府北長城隘口也以上三口在京師西北

蒙古之獄訟。各以札薩克聽之。不決。則報盟長公同審訊。或札薩克判斷不公。亦准兩造赴盟長呈訴。又不決。則將全案詳送理藩院。其或札薩克盟長皆判斷不公。亦准兩造赴理藩院呈訴。內蒙古各地有駐司官者。其獄訟由司官會札薩克審斷。內屬蒙古則歸駐防大臣聽之。若蒙古人民與內地人民訟。則由內地地方官會同札薩克判斷。漢人在蒙古犯罪。依刑部律。蒙古人在內地犯罪。依蒙古律。其刑有罰有遣有死。罰有十二等。遣有三等。死有四等。罰有牲有馬。罰牲。以一牲爲一等。（三歲牛一二歲牛一或）五牲爲二等。（犍牛乳牛二歲牛各一三歲牛二）七牲爲三等。（犍牛乳牛二歲牛各二三歲牛一）九牲爲四等。（如七牲加二馬）二九爲五等。三九爲六等。四九爲七等。五九爲八等。六九爲九等。七九爲十等。八九爲十一等。九九爲十二等。罰馬。以五馬爲一等。七馬爲二等。十馬爲三等。二十馬爲四等。等等而上之。至於百馬爲十二等。若牲馬不足數。則鞭以代之。鞭不逾百。既鞭。又須令其旗內官員設誓。言犯罪者之眞無牲馬也。若隱匿。後經發覺。則設誓之人亦罰一九。遣。以發河南山東爲一等。湖廣福建江西浙江江南爲二等。雲南貴州廣東廣西極邊煙瘴爲三等。死。以絞爲一等。斬爲二等。斬梟爲三等。凌遲處死爲四等。罪至遣者。札薩克盟長不得自專。須報於理藩院。候院會刑部定決。若死者則須會三法司以定讞。若死罪應減等者。發附近盟長給效力台吉爲奴。

王公以下犯罪。罰俸以代牲。其等有四。罰三月爲一等。六月爲二等。九月爲三等。一年爲四等。其罪王應罰牲九九。及罰馬百。貝勒貝子公應罰牲七九。及罰馬七十。札薩台吉應罰牲五九。及罰馬五十者。皆罰俸一年。王應罰牲五九及罰馬四十。貝勒貝子公應罰牲四九及罰馬三十。札薩克台吉應罰牲三九及罰馬二十者皆罰俸九月。王應罰牲三九及罰馬三十。貝勒貝子公應罰牲二九及罰馬二十。札薩克台吉應罰牲一九及罰馬十者。皆罰俸六月。王應罰牲一九及罰馬十。貝勒貝子公應罰牲一七及罰馬七。札薩克台吉應罰牲一五及罰馬五者。皆罰俸三月。

蒙古無獄。故其重囚皆寄監就近地方官處。科爾沁札賚特杜爾伯特郭爾羅斯敖漢奈曼札魯特喀爾喀左翼土默特喀喇沁各旗之囚。皆寄八溝理事同知之監。八溝在直隸承德府平泉州翁牛特巴林阿魯科爾沁克什克騰烏珠穆沁阿巴噶浩齊特蘇尼特阿巴哈納爾阿拉善額魯特車臣汗土謝圖汗各旗之囚。皆寄多倫諾爾廳之監。多倫諾爾廳屬直隸口北道四子部落喀爾喀右翼烏喇特茂明安鄂爾多斯三音諾顏札薩克圖汗各旗之囚。皆寄歸化城廳之監。歸化城廳屬歸綏道青海等各旗。亦寄就近地方官之監。

蒙古志卷二終

蒙古志卷三

宗教

蒙古昔無宗教。自明初以降。而喇嘛盛行。人民奉之維謹。政府遇之甚厚。蓋蒙古好殺。而喇嘛戒殺。且託名神異。能降服其心。政府利用之以撫馭蒙古也。不然。以二百餘旗數百萬之衆。土地遼闊。民俗强悍。豈一二駐防大臣所能鎭服哉。回教素行於西部。耶穌希臘歐人亦極力傳布。然終未能盛行。

喇嘛教出西藏佛教。西藏又出於印度。西藏之喇嘛教。有紅黃二派。其行於蒙古者皆黃教也。初元世祖封西藏高僧八思巴爲帝師大寶法王。以領其地。後嗣世襲其號。明又增封大寶大乘大慈闡化闡教輔教贊善等王。皆賜紅綺禪衣。本印度袈裟舊式也。是爲紅教之始。後其教專恃密咒。流弊至以吞刀吐火炫俗。無異師巫。盡失戒定慧宗旨。而於是黃教起。黃教宗祖爲宗喀巴。以永樂十五年生於西甯衛。得道於西藏之甘丹寺。初亦習紅教。既以紅教不守戒規。積弊已久。不得不改弦更張。乃會衆自黃其衣冠。以別於舊教。成化十四年示寂時。遺屬二大弟子。世世以呼畢勒罕轉生演大乘教。呼畢勒罕者。華言化生也。二弟子分爲二支。一曰達賴喇嘛。一曰班禪喇嘛。喇嘛者。華言無上也。皆死而不失其通。自知所往生。其弟子輒迎而立之。常在輪迴。本性不昧。故達賴班禪易世互相爲師。其教皆重見性度生。斥聲聞小乘。及幻術下乘。達賴一世曰敦根珠巴者。世爲番王。至是出家。亦名羅倫嘉穆錯。嗣宗喀巴。往傳衣盋。始以法王兼藏王事。二世曰根敦素穆錯者。自置第巴等代理兵刑賦稅。其弟子稱呼圖克圖。則分掌教化。呼圖克圖之稱始於此。是時黃教遠出紅教上。然未嘗受封中國。至其三世曰鎖南嘉穆錯者。名益著。青海河套諸蒙古。罔不嚮服。蒙古順義王俺答。躬入藏迎至青海。建仰華寺奉之。大會諸部。飲長生水。鎖南嘉穆錯戒其好殺。勸令東還。而俺答亦勸其通中國。於是紅教中大寶大乘諸王。亦皆俯首稱弟子。改從黃教。化行諸部。東西數萬里。熬茶膜拜。視若天神。蓋是時黃教已盛行於蒙古矣。至第四世達賴曰雲丹嘉穆錯。則生蒙古圖古隆汗族。十四歲入藏坐牀。二十八歲示寂。河套青海蒙古守其戒。不敢鈔掠邊陲。國朝太宗文皇帝崇德二年。外蒙古喀爾喀三汗奏請發帑。使延達賴喇嘛。時第五世羅卜藏嘉穆錯也。於是因額魯特使貽達賴書。而達賴班禪及藏巴汗等各報使。蓋國朝之通喇嘛。亦蒙古介紹之。既而外蒙古喀爾喀以入藏隔於額魯特。乃自奉宗喀巴第二弟子哲布尊丹巴之後身。爲大呼圖克圖位。與班禪相亞。亦世世以呼畢勒罕轉生。如達賴班禪。是爲黃教之第三支。雍正元年。哲布尊丹巴呼圖克圖朝於京師而卒。年九十矣。上親臨奠。賜名號印冊。如達賴班禪之例。遣使護其喪歸庫倫。其後五年。喀爾喀奏呼圖克圖呼畢勒罕轉生於庫倫。詔賜金十萬造寺。自後外蒙古喀爾喀有事。哲布尊丹巴恆調停弭禍。乾隆間。喀爾喀郡王青袞雜布謀叛。哲布尊丹巴先集各部王公宣諭利害。毋爲賊煽。詔加封敷教安衆大喇嘛。初。喇嘛之呼畢勒罕。所出非一地一族。至乾隆末。類多兄弟叔姪。且多出蒙古汗王貝勒子弟。甚至哲布尊丹巴示寂。適土謝圖汗之福晉有娠。衆即指爲呼畢勒罕。及彌月竟生一女。尤貽口實。上以是創掣籤之法。頒金奔巴瓶一於藏。供大招寺。而蒙古之瓶。則供雍和宮。凡蒙古所奉之呼圖克圖。其呼畢勒罕將出世。則報名理藩院。互報差異者。納籤瓶中。誦經降神。理藩院與住京之章嘉呼圖克圖掣之。章嘉呼圖克圖者。其先於康熙中自藏朝於京師。乃第五世達賴之大弟子也。聖祖優禮之。命住持內蒙古多倫諾爾之彙宗寺。其第二世呼畢勒罕通宗乘。世宗大褒異。命住持多倫諾爾之善因寺。第三世呼畢勒罕通教乘。高宗朝徵至京。審定大藏經咒。又佐莊親王修同文韻統。於四十一年趺逝京師。是爲黃教第四支。與哲布尊丹巴一支。皆住持蒙古。亞於達賴班禪二支。又康熙時。青海蒙古不信藏中所立達賴第六世伊西嘉穆錯。而別奉裏塘之噶爾藏嘉穆錯爲眞達賴。以康熙四十七年轉生。二歲著靈異。至是十歲。諸蒙古迎至青海坐牀。請賜冊印。上以與藏中所奏互相是非。恐其搆釁。詔暫居西甯紅山寺。旋移塔爾寺。塔爾寺者。在西甯府城西南四十里之塔山。與青海蒙古接壤。宗喀巴瘞胞衣地。黃教祖寺也。既。

西藏亦謂青海呼畢勒罕眞藏中所立贋。合詞請於　中朝。乞擁置禪榻。詔許給册印。於是蒙古汗王貝勒台吉各自率所部兵。或數千。或數百。於五十九年春。隨大兵扈從達賴喇嘛入藏。青海中有二島。人跡不至。番僧習禪定者。於冰合時裹一歲糧。休焉。往往出異僧。故青海佛徒與藏相亞。青海蒙古有諾們汗一支。久同世襲。其呼畢勒罕。許以親族入籤云。

蒙古喇嘛之能以神識轉生於世。出呼畢勒罕。入理藩院册者。凡五十九人。列表如左。

內蒙古	外蒙古	西套蒙古	青海蒙古	內屬蒙古	
烏珠穆沁　六	喀爾喀四部一九	阿拉善二	一	察哈爾　九	
浩齊特　一				土默特　六	
阿巴噶　一					
阿巴哈納爾五					
蘇尼特　二					

四子部落　一					
烏喇特　五					
鄂爾多斯　一					
共　二二	共　一九	共　二	共　一	共　一五	共　五九

蒙古喇嘛有轄衆如札薩克者。其衆曰沙畢那爾。亦有遊牧地。綜計各蒙古凡七人。表其疆理如左。

內蒙古	錫呼圖庫倫札薩克喇嘛	牧地當盛京省法庫邊門外北接奈曼西南接土默特左翼
外蒙古	哲布尊丹巴呼圖克圖	居庫倫當汗山北在土謝圖汗部中旗境內
	額爾德尼班第達呼圖克圖	
	札牙班第達呼圖克圖	附三音諾顏部遊牧
	青蘇珠克圖諾們罕	

	那魯班禪呼圖克圖	附札薩克圖汗部遊牧
青海蒙古	察汗諾們罕	附青海蒙古遊牧

喇嘛亦分班朝於　京師。如各部札薩克蒙古喇嘛班六歲一班。三歲而徧。惟哲布尊丹巴呼圖克圖不列班。茲表之如左。

第一班	外蒙古那嚕班禪呼圖克圖　內蒙古科爾沁諾顏呼圖克圖
第二班	內屬蒙古察哈爾額爾德尼諾木齊羅本綽爾濟大喇嘛　外蒙古額爾
第三班	內屬蒙古察哈爾岱青綽爾濟羅布藏丹達頼喇嘛　外蒙古西瓦錫哷圖呼圖
第四班	外蒙古青蘇珠克圖諾們罕　外蒙古羅布藏札木禪諾們罕
第五班	外蒙古額爾德尼班第達呼圖克圖　外蒙古札雅班第達呼圖克圖
第六班	內蒙古土默特察漢第彥齊呼圖克圖　內蒙古蘇尼特幹珠爾巴額爾德尼堪

內蒙古土默
特邁達爾呼
圖克圖
內蒙古浩齊
特畢里克圖
諾們罕
內蒙古阿巴
哈納爾班第
達喇嘛
內蒙古鄂爾
多斯那旺端
多布呼圖克

德尼伊拉古
克散喇嘛
內蒙古土默
特喇喀巴鄂
雜爾大喇嘛
內蒙古阿巴
哈納爾喇木
札木巴錫喇
布札木蘇喇
嘛
內蒙古烏喇
特巴爾多爾

克圖
外蒙古庫倫
章楚布多爾
濟喇嘛
內蒙古郭爾
羅斯沙布隴
蘊端札木蘇
喇嘛
內蒙古烏珠
穆沁固沙哩
綽爾濟那旺
索特巴喇嘛

內蒙古土默
特阿玉什墨
爾根綽爾濟
喇嘛
內蒙古蘇尼
特羅布藏喇
什大喇嘛
內蒙古烏珠
穆沁阿旺羅
布藏彭楚克
喇嘛
內蒙古阿巴

內蒙古土默
特蘇蘇克圖
綽爾濟阿旺
錫喇布喇嘛
內蒙古烏珠
穆沁莫羅木
喇木札木巴
羅布桑里瓦
喇嘛
內蒙古阿巴
哈納爾拜札
奢布東喇嘛

布喇嘛
內蒙古烏珠
穆沁莫羅木
喇木札木巴
袞楚克喇什
喇嘛
內蒙古阿巴
哈納爾德尼
墨爾根喇嘛
內蒙古烏喇
特墨爾根第
彥齊喇嘛

圖
內屬蒙古土
默特額爾德
尼達彥齊呼
圖克圖
內屬蒙古土
默特彥察爾
齊喇嘛
內蒙古烏喇
特羅布藏達
木巴喇布齊
喇嘛

濟喇嘛
內屬蒙古土
默特垂斯哈
布達彥齊呼
圖克圖
內屬蒙古土
默特吹齊托
音呼圖克圖
內屬蒙古察
哈爾葉固則
爾呼圖克圖
西套蒙古阿

內蒙古阿巴
哈納爾固錫
羅布藏吹珠
爾喇嘛
內蒙古烏喇
特東廓爾班
第達喇嘛
內屬蒙古土
默特甯甯呼
圖克圖
內屬蒙古土
默特那旺達

哈納爾瑪儂
寺羅布藏尼
瑪喇嘛
內蒙古烏喇
特喇木札木
巴格圖彭楚
克喇嘛
內屬蒙古土
默特錫哷圖
呼圖克圖
內屬蒙古土
默特達彥齊

內蒙古錫哷
圖庫倫薩木
魯阿旺札木
揚呼圖克圖
內蒙古烏喇
特固什羅布
藏達木闢勒
大喇嘛
內蒙古土默
特達爾漢綽
爾濟呼圖克
圖

內屬蒙古土
默特札彥班
第達呼圖克
圖
內屬蒙古土
默特鄂木布
札木散大喇
嘛
內屬蒙古察
哈爾額木齊
達爾漢綽爾
濟喇嘛

外蒙古墨爾根班第達呼圖克圖

拉善托布桑喇嘛

內蒙古烏珠穆沁羅布藏多布丹喇嘛

木巴大喇嘛

內屬蒙古察哈爾固什敏珠爾綽爾濟喇嘛

呼圖克圖

內屬蒙古察哈爾喇木札木巴羅布藏丹巴喇嘛

內屬蒙古土默特察漢第彥齊呼圖克圖

內屬蒙古察哈爾達賚呼圖克圖

內屬蒙古察哈爾固什札木張確魯依喇嘛

喇嘛亦有貢。蒙古喇嘛貢哈達佛馬。無定額。惟哲布尊丹巴呼圖克圖貢九白。如車臣汗土謝圖汗。

喇嘛寺院。所在有之。其大者多倫諾爾庫倫為多。皆壯麗無匹。僧徒寺或數千。或數百。自王公至庶民尊敬之如神。疾病則延僧祈禱。不知醫藥為何物。或至傾家以捐於喇嘛。家二男者。一為僧。其為僧者。十歲左右入寺。初學藏語。後習佛教。不得娶婦女。或亦入僧籍。薙髮守規。一如男子。

耶穌希臘教入蒙古。亦數十年矣。今雖歐人盡力傳布。俄政府盡力保護。庫倫張家口等地。凡都會衝要之區。莫不設教會。駐教士。然信者甚少。

教育

蒙古專事遊牧。不知教育。以爲養人有禽獸。養牲有芻薪。日用無匱乏。人足以自養。亦已足矣。奚事乎教育。故無論男女老幼。皆使委身於畜牧。無設學校教弟子者。由是人智未開。教化不行。舉止動作。悉太古草昧之風。惟各部札薩克所在地。或人烟稠密處。有曾至漢地者。仿漢地村學式。設一二學校。然祇教滿漢蒙古三種語言文字而已。若一切普通學問。則無有焉。且生徒甚少。即以全土計之。亦寥若晨星。而平民子弟。又不與其列。所肄業者。惟王公官吏子弟。夫王公官吏之使子弟就學。非欲其磨練智識。高尙志願。亦不過爲將來服官地步。蓋欲爲蒙古官吏。此等語言學問。爲萬不可少也。若非王公官吏之子弟。而就學讀書者。則將入寺院爲僧徒者也。

蒙古自有文字。形若印度古文。音與日文相近。字母凡百有五。用時以彼此綴合。始成一語。亦縱行讀下。其綴合之法。二三字母相合。則成一字一義。攷蒙古文字。初僅四十一字。創於元世祖時西僧帕克巴。後漸次增益。而今竟倍蓰之矣。茲錄其字母如左。

薩音　塞音　西音　莎音　梭音　蔬音　素音　第十五

紗音　賒音　詩音　朔音　書音　説音　束音　第十四

喇音　埒音　哩音　囉音　嚕音　樂音　鹿音　第十三

呀音　噎音　依音　藥音　淤音　約音　聿音　第十二

叉音　車音　七音　綽音　出音　籍音　楚音　第十一

渣音　遮音　饑音　拙音　朱音　著音　啄音　第十

拉音　勒音　里音　羅音　魯音　樂音　鹿音　第九

瑪音　抹音　米音　摸音　模音　木音　摩音　第八

第七	第六	第五	第四	第三	第二	第一
巴音	塔音	搭音	噶音	哈音	那音	阿音
伯音	忒音	得音	郭音	豁音	訥音	額音
逼音	梯音	低音	孤音	呼音	呢音	衣音
博音	托音	多音	哥音	磕音	諾音	臥音
不音	秃音	都音	基音	欺音	奴音	屋音
撥音	圖音	堵音	适音	顆音	拏音	寤音
卜音	脫音	哆音	觚音	枯音	挪音	五音

右据　欽定西域圖志錄入謂之托忒字其書直下右行共十五字頭每一字頭

凡七音云●

兵制

蒙古編兵之制•起於佐領•旗有若干佐領•則設佐領若干人•其下員丁•皆歸統轄•列表如左•

每一佐領	
佐領	一人
驍騎校	一人
領催	六人
驍騎	五十人
閒散丁	百人
共一百五十八人	

各旗所有佐領•多少不等•故札薩克之兵員丁無定額•今舉其有六佐領者列表•以例其餘•若各旗佐領之數•已見政體章•茲不復贅•

札薩克	一人
協理台吉	二人
管旗章京	一人
副章京	一人
參領	一人
佐領	六人
驍騎校	六人
領催	三十六人
驍騎	三百人
閒散丁	六百人

共九百五十四人

以上所列。爲內外蒙古等兵制。若內屬蒙古。則編爲八旗。制與滿洲八旗相同。

蒙古各部之兵。統轄各異。錯雜不一。有屬於札薩克者。有屬於駐防大臣者。有屬於札薩克而又歸盟長節制者。有既歸盟長節制。而又歸駐防大臣節制者。有屬於此駐防大臣而又歸彼駐防大臣節制者。若外蒙古喀爾喀四部。每部又設副將軍一人。參贊一人。杜爾伯特部兩翼。每翼又設副將軍一人。皆以其部內札薩克請 旨簡放兵權與盟長埒。蓋盟長之外又加以都統參贊。要皆總於理藩院。茲列二表如左。

一統屬表

- 理藩院（尚書　左右侍郎　額外侍郎）
  - 旗籍清吏司（員外　郎中　主事）
    - 綏遠城將軍——歸化城副都統
      - 內屬蒙古土默特二旗（無札薩克）
    - 內蒙古六盟盟長
      - 內蒙古四十九旗札薩克
  - 典屬清吏司（員外　郎中　主事）
    - 察哈爾都統——副都統
      - 內屬蒙古察哈爾八旗（無札薩克）
    - 定邊左副將軍
      - 定邊參贊大臣
      - 烏里雅蘇台參贊大臣
        - 外蒙古四盟盟長（副將軍　參贊）
          - 外蒙古八十六旗札薩克
      - 烏梁海（無札薩克）
      - 科布多參贊大臣
      - 科布多幫辦大臣
        - 杜爾伯特二盟盟長（副將軍）
          - 杜爾伯特十六旗札薩克

西甯辦事大臣
- 新土爾扈特一盟盟長—新土爾扈特二旗札薩克
- 新和碩特一旗札薩克
- 阿爾泰烏梁海七旗無札薩克
- 明阿特一旗無札薩克
- 札哈沁一旗無札薩克
- 額魯特一旗無札薩克
- 西套蒙古二旗札薩克
- 青海蒙古二十九旗札薩克

二兵數表

內蒙古	科爾沁部	六旗	七九三三	札賚特部	一旗
內屬蒙古	土默特	二旗	五一〇九	察哈爾	八旗
外蒙古	土謝圖汗部	二十旗	三四二八	三音諾顏部	二十二旗
烏梁海			未詳		
科布多	杜爾伯特部左翼	十一旗	一〇九一	附輝特	一旗
西套蒙古	阿拉善額魯特部		四六八	額濟納土爾扈特部	
青海蒙古	和碩特部	二十一旗	四七〇七	綽羅斯部	二旗

九三四	一〇八〇〇	二一五〇		六一	六一	三五〇
杜爾伯特部		附額魯特旗		杜爾伯特部右翼		土爾扈特部
一旗		二旗		三旗		四旗
一四五八		一二三		八八一		七〇八
郭爾羅斯部		車臣汗部		附輝特		輝特部
二旗		二十三旗		一旗		一旗
三三二三		二五六〇		六一		六一
喀喇沁部		札薩克圖汗部		新土爾扈特部		喀爾喀部
三旗		十八旗		二旗		一旗
八三二九		一三八八		一八〇		六一
土默特部		附輝特部		新和碩特部		
二旗		一旗		一旗		
一〇四一九		六一		六一		
敖漢部				阿爾泰烏梁海		

	一旗	三二〇三				七旗	未詳
奈曼部	一旗	二九一二			明阿特	一旗	未詳
巴林部	二旗	二四五一			札哈沁	一旗	未詳
札魯特部	二旗	一八六九			額魯特	一旗	未詳
阿魯科爾沁部	一旗	二九一二					

翁牛特部	二旗	三三八一
克什克騰部	一旗	五八五
喀爾喀左翼部	一旗	六一
烏珠穆沁部	二旗	一七五二
浩齊特部	二旗	

七〇四						
蘇尼特部 二旗 一九二七						
阿巴噶部 二旗 一二八七						
阿巴哈納爾部 二旗 九三六						
四子部落 一旗 一一六七						
茂明安部						

一旗 三三三五	烏喇特部 三旗 一七〇八	喀爾喀右翼 一旗 二三五	鄂爾多斯部 七旗 一五八九五	總共 七五八〇六
				總共 一五九〇九
				總共 九七一〇
				總共 未詳
				總共已知者 二三三五
				總共 五二九
				總共 五八八七

蒙古之兵。每歲一閱。皆歸盟長察驗。設副將軍參贊者。并歸副將軍參贊察驗。不設盟長者。責成本旗札薩克。屆時札薩克各將旗下台吉兵丁會集一處。豫令其修理器械。練習騎射。聽盟長等閱看。如器械殘缺者。盔尾甲背無號記者。軍器自馬絆以上無號記者。梅鍼箭兔叉骲頭箭上無號記者。馬不烙印不拴號記者。皆論罰。遇有征戍。則各由盟長或駐防大臣徵調。而札薩克以其兵畢集。不至者削爵。鄰部有警。亦以兵應援。畢集議進。不赴者削爵。若奉調。則合所屬各佐領下驍騎閒散之數。遣其一留其二。臨陣時若衆旗敗北。一旗力戰。則將衆旗各罰一佐領。以與力戰之旗。若衆旗皆戰。一旗敗北。則將敗陣之王等削爵。籍沒其佐領。分給衆旗。若一旗內半戰半北者。將敗陣之人削爵。籍沒其屬下。以給該旗接戰之人。若一旗內半已敗北。半無計前進者。無計前進之半旗免罪。將敗北之人削爵。籍沒其屬下。或給本旗無罪之王貝勒等。或給接戰之王貝勒等。若各旗未成列。一旗成列出戰者。視其功之大小。獲之多寡。分別給賞。兵敗陣者斬。家產籍沒。軍器不得私藏。若缺不如數。由理藩院照會兵部。方可添置。

有軍功者。王貝勒貝子公札薩克台吉塔布囊量功之大小議敘。身故則題請 賜卹。台吉塔布囊給爵。有一等功牌六箇以上爲一等。三箇以上爲二等。一二箇爲三等。有二等功牌二箇以下爲四等。又有達爾漢者。得軍功而 賜給之號也。其世襲罔替者。秩視管旗章京。世襲罔替而功少者。視副章京。襲六次五次四次者。視參領。三次二次及止本身者。視佐領。從征陣亡。給予雲騎尉。按例承襲。襲次完時。改給恩騎尉世襲罔替。

初。蒙古男子凡十八歲以上。皆有當兵之義務。軍械則自備。故舉國皆兵。自 國朝統一蒙古。而按丁給地。（語在政體章）使之耕牧。乃兵民分途。耕牧者多。而兵遂少。此亦蒙古衰弱之一原因也。其兵皆選年壯力强者充之。

今蒙古之兵。均係烏合。不經訓練。故無紀律。蓋土地遼闊。戶口稀疏。散處各方。不易調集也。且其軍械。若弓矢槍刀火繩火銃等。皆甚粗拙。洋鎗竟絕無。而僅有。惟內蒙古之接近內地處。以徵調近便。尚稱嚴整。屢從征有功。察哈爾兵所用器械。較他部略勝。有歐洲之馬上銃及短銃等。雖然。蒙古兵素稱强盛。今縱衰微。尙不畏死。較之內地。猶勝一籌。即咸豐年英法之役。獨蒙古兵出而抵禦。可以見矣。

庫倫烏里雅蘇台科布多三城。皆漠北要地。故另有戍卒。其制三城各異。列表如左。

城／防	吉林分防	直隸分防
庫倫 爲漠北第一要衝 近年分兵駐防	靖邊軍中路步隊營六百五十人 靖邊親軍步隊一營六百五十人	宣化練軍馬隊二營五百人
	共一千八百人。光緒二十年。又添募蒙古兵二百五十人。	
烏里雅蘇台	喀爾喀駐班	
扼歸化城嘉峪關至俄屬	副將軍參贊或札薩克汗王貝 以 協理台吉一人 以 駐牧場札薩克 以 駐孳生駝場土謝圖 駐馬場三 以 共三	

	色米巴拉丁斯克之要道兵家所必爭故定邊左副將軍駐之常徵喀爾喀兵隨時換防以資調遣
	勒貝子公一人札薩克公台吉四人協理台吉四人管旗章京副章京四人聽差台吉二人嚮導兵六人
	上每季一更
	管旗章京副章京一人驍騎校一人驍騎二百人
	上每年一更
	一人協理台吉一人管旗章京副章京一人驍騎三十五人
	上每季一更
	汗左翼中旗札薩克一人管旗章京副章京一人驍騎七十二人
	音諾顏部中右旗驍騎二十二人
	上常駐不更
	百五十八人

科布多喀爾喀駐班	地接俄疆亦漠北重鎮也故科布多參
	札薩克一人協理台吉一人管旗章京
	以上每
	杜爾伯特土爾扈特和碩特烏梁海札哈沁諸
	以上二
	駐屯田參領二人佐領
	以上每
	駐牧場協理台
	駐牧場管旗章京副章
	共三百

贊大臣駐之徵兵換防同烏里雅蘇台
副章京一人聽差台吉二人嚮導兵二人
季一更
部之汗王貝勒貝子公散秩大臣副都統二三四人不等
月一更
二人驍騎校三人驍騎二百五十人
年一更
吉一人一歲一更
京二人驍騎五十人半年一更
二十八人

貿易

蒙古南連漢地。北接俄國。界漢俄之間。故爲中俄貿易之大關鍵。其貿易處所。初無一定。康熙五十九年。曾准於庫倫互市。迨雍正五年。特簡理藩院尚書圖理善（或作琛）與彼立約於尼楚布城。（或作恰克圖）劃定蒙俄邊界。設庫倫辦事大臣。以理交涉事務。且擇恰克圖地。開爲互市場。今之買賣城是也。又以理藩院司官一人駐紮其地。管理通商事務。嗣於乾隆年間。屢以失和禁絕互市。至乾隆五十七年。又與定約五條。仍開互市場於恰克圖。自是蒙古沿邊貿易。均歸此處。俄人之至京貿易者。亦取道於此。百貨雲集。爲中俄於蒙古陸路貿易之中心點。居然一大都會。

咸豐十年。與俄立約於天津。約之第五條云。俄國商人由恰克圖到京。經過之庫倫張家口二地。如有零星貨物。亦准行銷。且允彼於庫倫設領事官一員。（又云中國商人願往彼國內地貿易亦可）惟彼國商人至中國通商之區。一處不得過二百人。

同治元年。與俄立陸路通商章程於京師。八年又改訂之。此次許彼於兩國邊界貿易。

在百里內均不納稅且許彼商至中國所屬設官之蒙古各處及該官所屬之各盟貿易亦不納稅其不設官之蒙古地方如彼商欲往貿易中國亦不攔阻光緒七年與俄改訂條約又許彼於蒙古各處均得貿易皆不納稅此次又許彼於天津肅州二埠減納正稅三分之一

蒙古自昔未嘗通貨幣商業以是而困然其以貨易貨習以爲常從未知通用貨幣之便利故在彼尚不覺其困近今始用漢地銀兩及俄國紙幣盧布等而惟漢地銀兩則通行全土爲物價本位蒙古人又往往用小片甎茶以代貨幣羊一頭約值甎茶十二片或十五片駱駝十倍之行人入其境輒購甎茶以濟銀兩所不通

恰克圖之出口貨有金銀甎茶大黃木棉綢緞等而甎茶爲大宗然自天津訂約許彼沿海通商後甎茶多由海道運往恰克圖市爲之稍衰其進口貨以獸皮爲大宗織物次之大都轉輸於漢地蒙古人所用甚少每年貿易最盛時在二三月間

甎茶出口初甚鮮少後漸繁盛以値價計之乾隆二十年歲出四萬八千四十八貫至

嘉慶年間。增至二十二萬八千四百九十九貫。至同治年間。竟增至五百九十七萬六千二百四圓。據恰克圖稅關調查。道光二十一年以後。十年間所收茶稅四百八十萬八千八十四圓。咸豐元年以後。十年間有四百八十二萬七千九百九十圓。金銀出口。亦有增無減。咸豐五年至八年。調查歲出金九萬一千七百三十四圓。銀五十六萬三千二百五十二圓。至同治初年。金至四十二萬九千八十二圓。銀至一百萬六千六百八十圓。

大黃之出口者。皆西比里人所需用。轉輸入俄國本部者亦有之。昔時業此者惟一青海人。深得俄人信任。不啻有專賣特權。獲利頗厚。今則土人多隨意販賣。渙散已甚。獸皮進口。以栗鼠皮爲多。據嘉慶十五年調查。有一千萬張之多。後以西比里之獸類減少。進口甚微。

今據俄國稅關所調查。自乾隆四十一年至道光三十年。一百年間之貿易情形。列表如左。

自年	至年	共年	進出貨物價值平均數
乾隆二十年	乾隆二十七年	七年	七一三〇〇七五八 圓角
乾隆四十年	乾隆五十年	十年	二五九〇六二四八一
乾隆五十七年	嘉慶五年	八年	四六四〇四五二五四
嘉慶六年	嘉慶十八年	十二年	七五六七一九二六一
道光四年	道光十三年	九年	一〇六四二〇二二〇六
道光二十年	道光二十九年	九年	九三六五五三四八三
道光三十年	咸豐九年	九年	八〇六八七六七七五

又據光緒十一年調查詳細情形。列表如左。

出口		進口	
物品	價值	物品	價值

紅茶	四六一〇〇〇〇圓	紅茶	九〇六九八四
綠茶	二一七五〇〇〇〇	綠甎茶	二三四〇〇
並茶	五〇〇五九六七四〇	並甎茶	八〇七九一三
紅甎茶	二一七一八三二六〇	黑甎茶	五〇七六三〇〇
綠甎茶	一三八七四四〇	獸皮	四七七七八〇〇
並甎茶	三二八七六四六〇	銀地金	一二一八〇七三七五
板茶	一五七一〇八二〇	銀兩	一〇二二八四〇
銀地金	一六二六八六二	銀貨	四八五〇八〇
銀兩	三〇六〇〇〇〇	五露普金貨	四一一一八六六
銀貨	一三七七〇〇	冰糖	一六九四〇五三
冰糖	一八二一一〇六	食用品	三三五二八三六
果物	三六一二九〇	弗	一五七九四二二一

食用品	二七五三四六〇	雜品	二七三七七九七九
雜品	二三七三六二四	製造品	七四七三四〇六四
又並茶	三五九一八四〇〇	未製造品	五八八一五〇〇
又並甎茶	五五八九三〇〇〇		
又雜品	三六三九四八六		
又雜品	二〇六七六〇〇〇		
共計	九〇二八〇〇六四八圓角	共計	二六七八五四二一二圓角

据此表比較進出貨價。中國贏六百三十四萬九千四百六十四圓三角六分。則恰克圖之貿易。實有利於中國。惟咸豐十年天津之約。允彼於沿海各埠通商。而向之由恰克圖進出者。或改由海道。且自咸豐元年以後。屢訂約章。又開伊犂甘肅滿洲商埠數處。今其鐵路。幷已直達旅順。故恰克圖市場。不足以括中俄貿易之全局。近年茶市歲自陸路出口者。尚二十萬箱。箱約十三貫。

茶市以張家口爲樞紐。貨物輻湊。商賈雲集。蒙古人之轉移執事者。亦萃於斯。自秋至於初春。最爲繁盛。所至駱駝以千數。一駝負四箱。運至恰克圖。箱費銀三兩。其進口貨則以牲畜皮毛爲大宗。黃油酪酥次之。羊毛與駝毛額數尤鉅。皆道天津而轉輸外洋者。

牲畜市以多倫諾爾爲樞紐。歲自蒙古進口。以千萬計。有牛馬羊豬駱駝等。而馬羊駝尤夥。秋冬間市肆喧闐。街衢擁擠。近以災旱頻仍。六畜不蕃。馬市衰減。坐賈千餘戶。漸次閉歇。

蒙古貿易。向有定所。　國初令喀爾喀於張家口古北口貿易。康熙間。令額魯特於張家口歸化城貿易。三十六年。令鄂爾多斯於定邊（縣屬陝西延安府）花馬池（鹽池在定邊西屬甘肅靈州）貿易。雍正五年。令青海於西甯貿易。嗣於張家口殺虎口歸化城置關抽稅。所徵達巨額。而報銷之數。歷年不一。表之如左。以見一斑。

關名	稅額	實徵數 道光廿一年	廿二年	廿五年	廿九年	光緒十三年	十四年	十九年
張家口	六〇五六一兩	二〇〇〇四兩	同上	同上	同上			
殺虎口	三二三三三兩	一六九一九兩	同上	同上	同上			一六八四七兩
歸化城	一六六〇〇兩 錢九千串	二三五六五兩	二四〇三六兩	二三四一八兩	二二七四九兩	六五二七九兩五七一	六〇一八一兩九三四	

又有八溝三座塔塔子溝烏蘭哈達四稅。皆在承德府歸化城外內蒙古察哈爾境。

	光緒十九年實徵數	近年實徵最多之數	近年實徵最少之數
八溝	四三六兩六二三		
三座塔	一五八〇兩三五四		
塔子溝	一四五兩三五四		
	共二四八四兩七四	六九六五兩	二九五五兩三

烏蘭哈達	一三二二兩	四一

多倫諾爾另有木稅。額徵六千七百十兩有奇。据光緒十九年報告之數。增至一萬四千二百六十三兩六分一釐。

物產

蒙古人民專事畜牧。故其物產。以家畜爲大宗。輸出諸品。以此爲最。其他著名者亦不少。而製造工藝等品。則竟無之。今敘其植物動物鑛物三類。而製造附之。

一植物類

稻有粳米粟荳大麥小麥油麥蕎麥玉蜀黍高粱胡麻。稻出遼河附近。僅足供給本地。白麵油麥粳米粟。或運至多倫諾爾。

蔬有白菜菠薐蘑菇茄子瓜葱韭蒜馬鈴薯。蘑菇爲蒙古著名物產。所產甚多。運入內地。銷路頗暢。

果有桃杏李榛栗棗山查白葡萄。味皆不美。

木有松柏椿樺樅柳欂欏。而松爲最多。其大者曰銀松。新羅松。落葉松。皆出興安嶺山脈。鄂爾多斯多柳。土人伐之以製器具。土默特多欂欏。土人採其葉可飼野蠶。

花卉有金蓮芍藥翠雀山丹鳳仙蜀葵野薔薇千佛頭菊花。可悅人目者甚少。惟千佛頭含蕊數十。聚於一蒂。有紫紅者。有淡紅者。開則皆白。極爲可愛。藥有大黃黃蓍甘草枸杞黃芩車前澤瀉蒲黃木賊艾蓬蒲公英白蒺藜。大黃爲蒙古物產大宗。所在有之。多運入內地。亦有運往俄屬西比里者。草有藍草罌粟。皆產東北部。又有蘇雛草。出於沙漠。多運入北京。製造夏帽。潔白美觀。價亦昂貴。

二動物類

家畜爲蒙古富源。蓋其物產大宗也。蒙古人相遇。必先問家畜安否。而後始敘寒暄。豈不以性命所繫哉。畜有駱駝馬牛羊豕騾驢。而駱駝馬牛羊爲最。豕騾驢次之。其出產多寡。因地而異。駱駝產外蒙古。馬產察哈爾。青海蒙古多牛。阿拉善多羊。駱駝背有二峯。或祗有一峯。性馴耐渴。行步神速。沙漠中既不能行舟。亦不能行車。且空氣乾燥。水草匱乏。故行路運貨。惟藉駱駝。畜之者夏放於野。以養其氣力。毛色改而再收之。察哈爾之馬。軀體雖小。骨格甚強。軍營驛站。最爲適用。每年八九月中。運入多倫諾爾者。日逾千頭。市場極盛。牛以犛牛爲最多。其物產於溼地。青海蒙古之特產也。阿拉善喀爾喀北部亦牧養之。大與尋常之牛相若。而長毛叢生。如蓑衣然。毛多黑斑白斑。亦有純白者。性質忍耐。力能負重。行動活潑。故最適於輸運。然若激怒之。輒變爲猛烈。性好游泳水中。雖在急流。亦能負物而渡之。若崇山峻嶺。又能攀援而登之。且步法亦整齊不亂。此其特別功能。非他類家畜所能及也。唐古特人以之輸運貨物。可負載二十貫以上。且非獨可供輸運而已。其毛可以織絨。其肉可以充飢。乳濃而酥。遠勝他種。牧養之法甚便。不必看守。無慮逃逸。惟日暮時驅之使就幕旁而已。又有雜種。爲犛牛與尋常牝牛所生。土人稱之曰海內克。輸運貨物。亦强健無比。故價値昂貴。青海之西南部。地溼不產駝。有犛牛以代之。造化之配劑。亦妙矣哉。羊有數種。蒙古人衣其皮。食其肉。又以其骨製器用。每年輸出多至數百萬頭。蒙古之犬。軀幹偉岸。性猛善守夜。內地人高價購之。然既離本土。不免稍失其特性。家畜之價値。亦因地而異。俄人某嘗調查之。而著爲表。雖屬大略。亦足知其一斑矣。

地名＼物類	駱駝	馬	牛	羊
喀爾喀	三十兩至三十五兩	十二兩至十五兩	十二兩至十五兩	二兩至三兩
察哈爾	四十兩	十五兩	十五兩	二兩至三兩
青海蒙古	二十五兩	二十五兩	七兩至十兩	一兩至一兩半

野獸有虎豹熊鹿狐貍貛兎羚羊山羊野驢野馬獺鼠栗鼠鼴鼠。鼴鼠產於沙漠邱陵。阿拉善北境最多。性耐渴。好羣居。故發一穴必有數十百之多。土人捕以供食。品味頗佳美。兎產於平原曠野。冬日獵之。堅凍其肉。土人運至北京。亦貿易品之一。羚羊山羊麋鹿種類甚繁。山羊棲於山巖溪谷間。性質溫順。視聽之力甚强。又有迎風嗅物之能。其至原野覓食也。輒結隊成羣。不相離間。若登高山。必四向觀望。設有危疑。則高鳴一聲。以告同類。時或旱乾草枯。則食木葉。能緣樹而上。至丈餘。獵之甚難。雖負重傷。猶能奔馳數百里。然懸衣物於竿頭而高舉之。則必疑訝竚立。故土人獵之。恆誘以此術。野

馬所在成羣●伊克阿拉克泊南爲最多●以其山中饒牧草也●體較馴馬略大●毛色多土黃●土人豢養小駒●終身不受束縛●騎之亦不能隨人意●

水禽有野鴨鳧雁鵝●飛禽有鷹雕鶻鴇鴉鵲鳩燕鵪鶉鷓鴣畫眉雉雀雲雀紅雀沙雉●沙雉雲雀●亦蒙古之特產●沙漠曠野爲多●沙雉飛翔甚捷●然不能疾走●不善用足而善用翼●蓋其趾異於他鳥也●恆成羣而飛●如旋風之起●颯颯有聲●故距離猶遠●已先聞其聲●雲雀居於沙漠南部●鷹有青白二種●至於小禽●亦頗不乏●

魚族有鯉鯽鰍鱣畫魚細鱗魚●及龜鼈螺蛤之類●諸河流皆產之●達里泊產哈魯魚●暮春時自湖水溯流而入支河●爲之塡塞●土人即於是時漁之●醃以供食●青海產無鱗之奇魚●爲他處所無●

蟲多毒螫●以蠅蚊擺翎臭蟲爲最●蛇蝘蜥蜴蚜蚄蛣蟯蜘蛛蜂蝶蟹蟻類●所在有之●野蠶產土默特山中●土人飼之以製綢絹●所謂建昌絹者是也●蜜蜂多產於阿爾泰山●

三鑛物類

蒙古鑛產富饒。惜政府惟准採鐵。故未悉詳。今舉所已知者列如左。

金類有金銀銅鐵鉛。興安嶺山脈阿爾泰山脈所產最多。唐努烏梁海庫蘇古爾泊附近山谷中。產沙金。俄國鑛師某曾發見庫蘇古爾泊之沙金。謂所產甚富。內蒙古喀喇沁部產鉛鑛。跨直隸平泉建昌境。故政府定例。各得採掘。不准越界。鄂爾多斯部之麥垜山亦產鐵。

鹻以內蒙古活多多諾爾巴顏諾爾等處產爲佳。內地需用甚廣。歲自蒙古輸入。多至一千六百萬斤。漢人製成磚塊。以之染物。或調入麥麵。又供洗濯之用。

食鹽產地不一。以阿拉善之吉蘭泰鹽池與青海蒙古之鹽池爲上。政府爲設定則。畫地引鹽。給票販賣。一如內地。

石炭產內蒙古。以阿拉善山脈爲佳。今皆不採。土默特產魚兒石。色青白。形如魚。漢人琢之以爲文具。沙漠中產五色俱備之石。玲瓏透明。不異琥珀。漢人名之曰瀚海石。

鑛泉在楚庫敖嫩河畔。俄屬邊境。至有四十處之多。皆經化學上之實驗。而頗有效者。

四製造類

蒙古畜牧。天然之利。已足食用。無待他求。故固守舊業。別無進步。製造之事。素未講究。故物品甚少。今舉其最著者。略述一二。

鑄造品有銅鐵之物。多倫諾爾之名產也。蒙古全土大抵仰給於此。而最著名且最多者。莫如佛像。其工緻精好。爲世所稱道。即庫倫喇嘛廟之佛像。亦此地所製。像體修偉異常。質皆青銅。鍍之以金。灼爍奪目。高者三十三尺。重至百二十五噸。所貴乎製造者。以天產不能用之物。施以手工。而使之有用也。乃蒙古以金銅鑄佛像。是轉以有用之質。爲無用之物。良可浩歎。

織造品多絹布毛氈等。絹布出內蒙古土默特。即建昌絹也。質重厚。最宜禦寒。價廉。轴銀二兩。蠶皆野蠶。種類出自山東。世呼之爲構欏繭。毛氈以羊毛或駱駝毛織成。出察哈爾。堅厚耐久。勝於內地。故內地人喜用之。惟出數不多。獲利甚尠。歐洲各國製造毯氈。多取材於中國。即蒙古之獸毛是也。天津牛莊二關出口之貨。以駱駝毛爲大宗。若蒙古能仿式製造。以其所產盡織毯氈。苟投其所好。良美適用。則銷路必廣。獲利烏可量哉。振興蒙古工業。當首途於此矣。

黃油酥酪二品。皆婦人所製造。產數甚多。爲內地貿易品之一。黃油製法頗粗。故不美。若改良精製。其味必佳。然以其價廉也。內地人多購之。又有燒酒。僅足自用而已。

鹽出蘇尼特阿拉善鄂爾多斯及青海等處。製法甚簡。惟取池水曬乾而已。阿拉善之吉蘭泰池最夥。歲出二千一百萬斤之譜。價廉物美。內地人嗜之。甘肅居民食吉鹽者十之六。陝西亦十之三。駱駝牛騾。駕車負載。千百成羣。絡繹不絕。歲徵稅至六萬三千兩。

鹻爲蒙古固有之利。出內蒙古東南諸部。製法取鹻土煎熬成塊。費工不多。若歲寒冰凍。且有自然結成者。內地染局麵坊。稱蒙古鹻爲最佳。歲輸出甚多。

道路

蒙古道路之政。亦掌於理藩院。其內蒙古旗籍清吏司所掌也。外蒙古西套蒙古青海蒙古。科布多烏梁海。典屬清吏司所掌也。部內自相往來小路甚多。茲舉其著於令甲者。而附述小路於後。鐵路亦著於篇。

內蒙古驛道五。自京師東北至遵化州。有喜峯口之道。自京師北至密雲縣。有古北口之道。自京師西北至獨石口廳。有獨石口之道。又其西至張家口廳。有張家口之道。又其西至山西朔平府。有殺虎口之道。今敍其口外在蒙古地者。自東始。

喜峯口外驛站十六。（出口第一站曰寬城係內地站不在此數）自寬城站而東北。一曰和齊台品郭勒。（一百里）在直隸承德府平泉州南境。二曰克斯瑚。（一百二十里）在老哈河上流西岸。三曰托和圖。（一百四十里）在老哈河東岸。四曰伯爾格。（一百四十里）在老哈河東岸。五曰黃華圖。（一百五十里）在老哈河東岸。六曰錫喇諾爾。（一百十六里）在老哈河南岸。七曰庫呼車。（一百里）在老哈河北岸。西喇木倫河南岸。八曰薩英哈克。（一百八十里）在西喇木倫河北岸。九曰西訥郭特爾。（九十里）在太布蘇圖泊西。十曰魁蘇布拉克。（一百六十里）十一曰博羅額爾吉。（一百四十里）皆在郭特爾河南。十二曰奴木其哈克。（一百四十里）在郭特爾河北。陶爾河南。十三曰哈沙圖。（一百八十里）在陶爾河北。十四曰哈拉克勒蘇特伊。（一百八十里）在綽爾河南。十五曰珠克特伊。（一百里）在綽爾河北。十六曰哈達罕。（九十里）在雅爾河南。若又東北渡雅爾河。則入黑龍江境。通齊齊哈爾城。此道凡二千一百二十六里。達喀喇沁土默特喀爾喀左翼敖漢奈曼札魯特科爾沁郭爾羅斯科爾沁札賚特杜爾伯特十部。凡二十旗。

古北口外驛站十。（出口第一站至第四站坡賴村係內地站不在此數）自坡賴村而東北。一曰默爾溝。（一百二十里）二曰錫爾哈。（一百里）皆在英金河南。三曰阿木溝。（六十里）四曰卓索。（七十里）皆在英金河北。五曰徹圖巴。（八十里）六曰賴三呼都克。（八十里）七曰錫喇木倫。皆在西喇木倫河南。八曰噶察克。（一百里）九曰海拉察克。（一百二十里）皆在西喇木倫河北。十曰阿魯噶穆爾。（六十里）此道凡八百三十里。達翁牛特札魯特巴林阿魯科爾沁烏珠穆沁五部。凡九旗。

獨石口外驛站六。自獨石口而東北。一曰魁屯布拉克。（一百二十里）在察哈爾境。二曰額楞。

一百三十里在直隸省多倫諾爾廳北。三曰額墨根一百五十里四曰卓索圖一百六十里皆在達里泊附近。五曰錫林郭勒一百五十里在錫林河附近。六曰吳魯都一百八十里在錫林雞林二河間。此道凡九百九十里。達克什克騰阿巴噶阿巴哈納爾浩齊特四部。凡七旗。

張家口外驛站十八。自張家口而西北。一曰察漢托羅蓋六十里二曰布爾嘎素五十里三曰哈柳圖六十里四曰鄂拉呼都克四十里五曰奎素圖七十里六曰札噶蘇六十里七曰明愛。五十里八曰察察爾圖。五十里九曰沁岱。六十里皆在察哈爾境。十曰烏蘭哈達。八十里十一曰奔巴圖。七十里十二曰錫拉哈達。七十里皆在陰山麓。十三曰布魯圖。五十里在沙漠南。十四曰烏蘭呼都克。五十里十五曰察漢呼都克。七十里十六曰錫喇木倫。四十里皆在錫喇木倫河東。十七曰鄂蘭呼都克。八十里十八曰吉斯洪夥爾達。六十里皆在沙漠附近。若又西北。度漠入外蒙古境。爲阿爾泰軍臺。此道凡一千七十里。達四子部落蘇尼特喀爾喀右翼茂明安四部。凡五旗。

殺虎口外驛站十一。四站曰北路。七站曰西路。北路自殺虎口而北。曰八十家站。曰二十家站●皆在圖爾根河南●曰薩里沁●在山西托克托城廳北●曰歸化城●在圖爾根河北歸化城廳東●此路約二百十餘里●皆在土默特境●其烏喇特部三旗●即由歸化城達之●

西路自殺虎口而西●曰圖爾根●在圖爾根附近●曰東素海●在黃河附近●曰吉格素特●在黃河西●曰巴彥布拉克●曰阿魯烏爾圖●皆在河套●曰巴爾朱城●在黃河北●曰察漢札達蓋●此路約一千二百七十里●達鄂爾多斯部七旗●

外蒙古驛道二●一由阿爾泰軍臺達烏里雅蘇台城●又達科布多城●一由阿爾泰軍臺達庫倫●又達恰克圖●阿爾泰軍臺者●聖祖親征準噶爾時所設●至高宗之討伊犂●復修飭之●後既置定邊左副將軍●始每站設官●專司驛務●謂之臺員●皆內地官吏●獲譴者爲之●風霜烈日●異常辛苦●故皆視爲畏途●或出金募蒙古人代辦●曰臺費●每站徵蒙古兵若干●以資役使●附近諸部落●必各出人民牲畜●

烏里雅蘇台之道●自內蒙古張家口道第十八站吉斯洪夥爾達而西北●五十里至奇拉伊木呼爾八十里至布籠六十里至蘇吉布拉克五十里至托里布拉克七十里至圖古里克九十里至賽爾烏蘇凡六站●四百里●曰賽爾烏蘇庫倫

之道於是分又由賽爾烏蘇而西北●一百里至和尼奇七十里至畢勒克庫八十里至哈札布巴八十里至托拉圖六十里至卓博里六十里至博羅鄂巴六十五里至庫圖勒多蘭五十里至他拉多蘭七十里至莫敦九十里至哈必爾噶六十里至什巴爾七十里至羅薩七十里至哲林穆五十里至沙克珠爾嘎七十里至察布齊爾六十五里至哈沙圖七十五里至哲林九十里至恩衣錦七十里至烏訥克特六十五里至哈達圖八十里至哈拉你多涉沙漠●經土謝圖汗部左翼中旗左翼末旗西●左翼右末旗西南●左翼中左旗東●左翼後旗東與北●左翼左中末旗東南●右翼右旗南●又西北渡翁金河●經三音諾顏部中前旗右翼中左旗南●凡二十一站●一千四百九十里●曰哈拉你多●又由哈拉你多而西北●七十里至嘎嚕六十里至塔楚八十里至烏爾圖額爾呼都克一百里至沙爾噶勒卓特一百里至推七十里至烏爾圖哈拉托羅該六十里至鄂洛該一百二十里至烏塔九十里至都特庫圖一百里至札克八十里至霍波爾車根六十里至烏蘭奔巴圖一百二十里至鄂伯爾陶寨七十里至阿魯陶寨七十里至呼濟爾圖七十里至岱罕得勒六十里至特木爾圖六十里至舒魯克七十里至霍克魯圖六十里至烏里雅蘇台渡塔楚河●推河●拜塔里克河●經三音諾顏旗右翼右後旗南●又西北渡札布干河●經左翼左旗中後旗西南●凡二十站●一千五百七十里●至烏里雅蘇台●又自烏里雅蘇台而西●六十里至阿勒達勒八十里至博勒霍六十里至呼都克烏蘭八十里至依克哲斯七十里至巴噶哲斯七十里至珠勒庫珠一百十里至布固一百里至阿勒噶令圖一百里至巴哈泊一百里至都爾根泊七十里至哈爾噶那九十里至吉勒噶瑱圖一百里至札哈布拉克一百十里至哈拉烏蘇一百

二十里至科布多沿烏里雅蘇台河及札布干河北岸。經札薩克圖汗部中右翼末次旗左翼左旗南。又西。渡札布干河。入科布多境。沿都爾根泊。至札哈沁旗境。折而北。達科布多。凡十四站。一千三百二十里。

庫倫之道。由賽爾烏蘇而北。涉沙漠。逾杭愛山脈。渡圖拉河。凡十四站。九百八十里。至庫倫。六十里至搜吉六十里至蘇魯海六十里至畢拉噶庫六十里至巴彥和碩六十里至博羅達噶八十里至套哩木六十里至莫敦六十里至那藍一百里至他拉布拉克八十里至佛都爾多布七十里至吉爾噶朗七十里至布哈六十里至布庫克六十里至圖拉河四十里至庫倫又北十二站。九百二十里。至恰克圖。八十里至庫依五十里至布爾噶勒八十里至博羅諾爾七十里至呼齊千一百二十里至他沙爾八十里至伯特格七十里至勒莫格特衣六十里至庫特勒那爾蘇八十里至噶薩那一百二十里至努克圖五十里至庫格諾爾六十里至恰克圖

烏里雅蘇台道。多沙漠磽磧之地。薪水匱乏。行旅苦之。惟推河附近。氣候溫和。土地饒沃。風景甚佳。元代園囿。多設於此。故跡猶有存者。庫倫道則馬駝水草所在備豫。行旅稱便。自張家口至察哈爾。地勢漸高。登陰山而四顧。山川縱橫。宛然如畫。漢蒙風景。歷歷在目。逾陰山。涉沙漠。地勢窪下。漠中飛塵迷目。積沙沒脛。渺茫無垠。滿目荒涼。但見

童巖禿邱。纍纍突兀於沙中而已。至於庫倫。地勢又高。達四千二百尺。山巒重疊。道路狹隘。自庫倫而北。沿色楞格河。至恰克圖。地勢又漸低。無高山峻嶺。而岡陵起伏。河流縱橫。土地膏腴。樹木繁茂。惜土人不知稼穡。多未開墾。恰克圖地猶高二千五百尺。過此而北。入於俄疆。乃道路平坦。且有池塘溪菴。大小舟航絡繹。其間芳草長堤。桃柳掩映。宛然江南風致。非復黃沙白草之地也。

恰克圖至北京。旅行之法有三。一爲郵便旅行。二爲商隊旅行。三爲特別旅行。郵便旅行者。中俄郵送書信者也。蓋俄人於庫倫張家口北京天津本設郵局四處。張家口以北。用蒙人接遞。張家口以南。則用漢人。輕郵便月三次。十四日而達。重郵便一次。二十日而達。或二十四日而達。歲費一萬一千九百圓。而進款僅二千一百圓。商隊旅行者。商人之結隊而行者也。或車或駝。滿載貨物。頗爲勞苦。行極遲。程倍於郵便。特別旅行者。中俄官吏有要公遄征者也。行最速。費頗廉。俄官經此。驛酬洋銀二圓以爲常。九晝夜可達北京。常人不得被此利益。祇可附上二法以行。若附於郵便。則乘馬車或駱駝。

與遞送夫同行惟食物及炊具必攜帶完備●

烏里雅蘇台與科布多附近又有巡查卡倫之路凡三●一自烏里雅蘇台而北●經札薩克圖汗部●入科布多境●渡特思河●至近吉里卡倫●凡九站●六百里●七十里至楚布里雅七十里至可爾森池柳六十里至鄂伯爾烏拉克沁六十里至阿晉烏拉克沁七十里至艾拉克諾爾七十里至查布旦六十里至塔木塔爾海七十里至珠嚕庫主七十里至察漢托羅海接近吉里卡倫一自科布多而西北●渡布彥圖河●科布多河●至索郭克卡倫●凡八站●五百八十二里●六十五里至錫拉布拉克六十五里至和濟蘇晉克六十七里至轟郭爾鄂籠六十里至霍碩羅圖六十里至哈韜烏里雅蘇圖六十里至烏蘭格依八十里至必爾柳圖六十五里至博羅布爾噶蘇六十里至索郭克一自科布多而西南●逾阿爾泰山脈●至新疆之搜吉卡倫●凡八站●一千九十里●一百四十里至索濟一百四十里至察漢布爾噶蘇一百十里至達布索圖諾爾九十里至那林波爾濟爾八十里至伊仕根托羅蓋八十里至札哈布拉克九十里至錫伯圖二百四十里至郭蘭布拉克一百二十里至搜吉凡唐努烏梁海杜爾伯特部新土爾扈特部新和碩特部阿爾泰烏梁海札哈沁等●皆由此三路達之●卡倫者滿洲語●漢言防守之地也●蓋類內地之堡砦營寨●近吉里克索郭克二路●以喀爾喀官兵供役●搜吉一路●以札哈沁官兵供役●

青海蒙古之驛。皆由甘肅西甯府而西。以經於各部。西套蒙古。則自京師出張家口行邊外。達其遊牧。

俄人所築滿洲鐵路。自黑龍江省之齊齊哈爾城。達吉林省之大停車場哈拉賓。中經內蒙古之東北部。故蒙古亦有鐵路。路自齊齊哈爾之胡拉爾溪。東渡嫩江。入內蒙古。經杜爾伯特旗。郭爾羅斯後旗東。沿滿蒙邊界。徑向東南。渡混同江。達哈拉賓。其在蒙古境內。凡二百餘里。沿途杳無人跡。草地千里。而汽車風馳電掣其間。

烏里雅蘇台道。自東南斜達西北。橫亙四千五百餘里。支路紛歧。不勝枚舉。姑述其重要者。自東始。先北而後南。

一曰庫倫之捷徑。自張家口外。即分支。西北逾陰山。達沙漠。經察哈爾之察罕巴爾哈孫。固爾本塔勒哈市。梅音烏蘇。庫呼得列蘇。沙巴爾台。哈沙圖。內蒙古之蘇治。阿善呼都克。哲格淖爾。札朋呼都克。明安。博羅里治市。梅音呼都克。伊林霍羅斯。呼圖勒烏蘇。圖古里克。音格爾海蘭蘇圖。市布克烏蘭哈達。格子格音哈順等地。又涉沙漠。經外蒙古車臣汗部之烏得•格合井•察罕圖古里克•塔列•赤穆布倫•三音呼圖勒•庫圖勒•布色音車路•沙喇沙爾•石別圖博羅呼濟爾•博穆博圖•穆克圖•吉里特根台•車魯台井等地•又逾汗山•經土謝圖汗部之哈克察呼都克•那賴哈二地•而達庫倫東南之買賣城•與軍臺合•此路約千八百餘里•與軍臺路成弧矢形•較軍臺近少半•茶商運貨•或取道於此•庫倫電線•亦沿此路設立•軍臺以外•此路爲最大•名曰達爾罕而木大道•道左有歧途四•二通軍臺大道•二與本道仍合•道右有歧途三•一與本道仍合•二通巴拉斯城•二曰通庫倫之小路•自吉斯洪夥爾達分支•徑向西北•涉沙漠•達庫倫•經內蒙古之烏蘭托羅海井•葉多梅克山道•薩羅根呼都克井•而達蘇提山口•外蒙古土謝圖汗部之庫尼努魯山口•阿根希爾山口•巴音鄂博•葉林克呼都克井•薩爾朋呼都克井•塔布尼烏蘭庫都克井•而明托留木•而明烏蘭鄂爾昔托•鄂郭博特•察普池爾井•巴彥烏魯•巴勒台•塔勒圖等地•而達庫倫買賣城•此路約一千五餘百里•亦與軍臺道成弧矢形•井泉芻草•頗不匱乏•商旅間亦由之•

三日通庫烏道之東路•分途於外蒙古三音諾顏部之哈達圖•而徑直向北•逾杭愛山脈•渡鄂爾坤河•合於庫烏道塔克勒圖布拉克之西•此路約六百餘里•高山峻嶺•跋涉甚艱•

四日通庫倫道之中路•分途於推河之西•而斜向東北•逾杭愛山脈之罕蓋嶺•渡鄂爾坤流域之塔米爾河•而合於庫烏道之沙布克台卡倫東•此路約四百里•嶺南風致甚佳•嶺北天高風勁•

五日通庫烏道之西路•分途於拜塔里克河邊之札克•而向東偏北•渡拜塔里河•逾罕蓋嶺山脈•經伊拉圖•烏蘭赤魯•哈里圖三地•而合於沙布克台之西•此路約三百餘里•沿途皆峻嶺•以上五路•皆歧途之北出者•

六日分達綏遠城之東路•分途於察哈爾之明愛•而西南•

七日分達綏遠城之西路•分途於吉斯洪夥爾達•而東南•皆逾陰山•達綏遠•

八日分達科布多之徑路•分途於塔楚河邊之嘎嚕•而徑直向西•渡推河•拜塔里克河•

並阿爾泰山脈沿札布干河經三音諾顏部之三音達賴井捏得雷井闊順楚隆井達爾罕蘇莫祠得莫勒台井得勒格爾布魯克水泉士訥布魯克水泉那爾萬赤廟揣蘭達參廟札薩克圖汗部之貝赤金達巴山口海圖郭勒井市勒音井科布多之克特音沙喇霍勒蘇井巴音呼都克等地而合於烏科軍臺大道之哈拉烏蘇臺以達於科布多此路約一千六百餘里沿途無高山峻嶺而沮洳汙溼行走不易

九日分達新疆哈密之路分途於推河之西而斜向西南踰阿爾泰山涉沙漠經三音諾顏之塔順呼都克哈林圖克貝爾達蘭圖魯札薩克圖之蘇治昔喇布里圖闊爾秦水泉烏究爾明根布魯克諾穆托羅海等地而南入新疆達哈密此路半屬沙磧水泉匱乏惟山脈較少地尙平坦

十日分達新疆鎭西之路分途於烏里雅蘇台河北岸之博勒霍而斜向西南踰阿爾泰山脈經呼治爾圖博爾努魯阿爾莫戛庫林蓋呼都克達蘭趨列塔穆成達巴山口戛什溫等地而南入新疆達鎭西以上五路皆歧途之南出者

自烏里雅蘇台東至庫倫。別有小路。中經多倫山口。那哩內山口。哈勒塔雷達巴山口。賛格台山口。雅瑪特山口。疊例罕金山口。溯巴圖達巴山口。匝戛蘇台卡倫。安合台穆呼爾卡倫。哈赤根達巴山口。安戛爾海卡倫。特明烏爾托卡倫。尊莫多奈達巴山口。尊莫都卡倫。烏哈轆羅內達巴卡倫。沙布克台卡倫。烏蘭什布卡倫。塔喀勒圖布拉克。烏蘭什巴卡倫。霍達森卡倫。哈喇尼敦卡倫。粗布罕蓋卡倫。博羅昆都因鄂博山口等地。自札布干河流域。逾杭愛山脈。貫色楞格河流域。凡二千餘里。重山峻嶺。跋涉維艱。

烏里雅蘇台與科布多之間。亦別有小路。自烏里雅蘇台而西北。並烏爾都爾烏尼格特山。經倭林山口。薩格丁山口。霍博音呼都克井。雅連呼都克井。努戛郊原。察干布魯克等地。繞伊克阿拉克泊。渡科布多河。布彥圖河。而達科布多。路程與軍臺大道相若。

自科布多而北。至近吉里卡倫。亦有小路。此路自科布多而北。行四百餘里。抵烏蘭固木。烏蘭固木者。在烏布薩泊之西。杜爾伯特遊牧地也。於邊防最有關係。故其名頗著。自此折而西。沿烏布薩泊之北。並唐努山脈之南。泝特思河而東。達近吉里卡倫。又烏

蘭固木通烏里雅蘇台亦別有捷徑

自庫倫南至定遠營亦專有道路自庫倫而西南渡圖拉河逾汗山穿烏里雅蘇台軍臺大道截阿爾泰山脈之阿爾察博哈多山經三音諾顏部之東南部涉沙漠並賀蘭山而南達定遠營凡二千五百餘里

自庫倫東至滿洲亦有道路發庫倫渡圖拉河至買賣城東南二百餘里折而東逾肯特山脈至東庫倫東庫倫亦曰昭莫多譯言有林木也康熙二十五年五月 聖祖親征噶爾丹西路大軍擊敗賊衆於此其地均平坂小山谷中樹木叢生又東渡克魯倫河偕庫爾河經車臣汗旗札薩克所駐地沿克魯倫河而東時行其南岸時行其北岸而達巴拉斯城又自巴拉斯城而東達於黑龍江之呼倫貝爾城程約二千里

自庫倫至都倫諾爾亦有徑達之路發庫倫向東南初與滿洲同途至克魯倫河西岸始分道而南涉沙漠逾山脈經車臣汗南境之舒們霍舒山道察罕羅圖山口滚滚達班山口阿端車倫山口凡行二千餘里而達

歸化城與定遠營相通之路。則自歸化而西。行經色倫布雷克嶺之北。碩霍音打板嶺之南。又西。並哈那那林烏拉嶺南麓。沿黃河北岸。折而南。傍賀蘭山西麓。以達定遠。程約一千五百餘里。

自蒙古進長城之路。除喜峯古北張家獨石殺虎五口外。尚有十路。一自歸化城土默特進長城之新平堡。達直隸宣化府。一自河套入塞。達陝西神木縣。一自河套入塞。達陝西榆林縣。一自河套入塞。達陝西靖邊縣。一自定遠入塞。經賀蘭山之都魯樹口。達甘肅平羅縣。一自定遠入塞。經賀蘭山之墨石口。達甘肅甯夏府。一自甘肅中衞縣西之達爾孫霍托東。渡黃河入塞。一自達爾孫霍托南。沿黃河入塞。一自額濟納土爾扈特進長城之金塔寺。達肅州。一進嘉峪關達肅州。

喜峯口道。道左有歧途。西北通黑龍江之呼倫貝爾城。道右有歧途。東北通吉林之伯都訥城。都倫諾爾亦有通呼倫貝爾之路。

沿邊出界北達俄境之路。凡十有一。自東而西。一一數之。

曰庫別里眞界牌東之路。北達俄境成丹特卡倫南。分兩路。一渡克魯倫河逾沙漠。達都倫諾爾。一渡克魯倫河。沿貝爾湖。與都倫諾爾通呼倫貝爾之路合。

曰齊普圖界牌西之路。北達俄境塔里泊邊之庫魯蘇台卡倫。南達巴拉斯城及都倫諾爾。巴拉斯城。一作必拉城。一作巴賴和屯。又作克魯倫。又作烏爾托。南瀕克魯倫河。車臣汗盟所也。

曰格子蓋界牌西之路。北達俄境庫魯蘇台卡倫。南與齊普圖之路合。

曰阿勒呼特界牌西之路。北達俄境上烏里渾卡倫。及阿克沙西。南逾肯特山脈達庫倫。阿克沙。俄人所置礮台也。在敖嫩河南岸。

曰呼蘇魯克界牌之路。北達俄境阿申戛卡倫。西南合阿勒呼特之路。

曰恰克圖大路。北經俄境特羅依次闊薩甫斯克。撇列烏羅次那雅。坡倭羅特那雅。諾倭斜連金斯克。索列諾帕特斯克。雅烏布昆斯。喀雅克留車甫斯克雅七地。至上烏丁斯克。凡四百里。而與西比里鐵路接。南達庫倫。

曰罕憂界牌之路●東北達拜喀湖西岸之庫勒圖克●與西比里鐵路接●西南沿庫蘇古圖泊●逾唐努山脈●接近吉里卡倫之道●

曰霍甯達巴哈界牌南之路●北達俄境上烏薩●南渡貝克穆河●分爲兩路●一溯貝克穆河●通罕憂界牌●一逾唐努山脈●達近吉里卡倫●

曰博果蘇克山口之路●西達俄境托穆斯克省●東達烏蘭固木●

曰博果特達巴山口之路●西達俄境托穆斯克省●東達烏蘭固木●

曰烏蘭達巴山口之路●西達俄境托穆斯克省●東達索郭克卡倫●

青海蒙古之路●西北自新疆入境者一●北自甘肅入境者一●東自甘肅入境者四●東南自四川入境者一●西南自西藏經玉樹土司入境者二●

新疆之路●自羅布泊東南之噶斯池而東南●經噶順地方●逾祁連山脈●至得布特里●又東南渡庫庫賽河●而與西藏之西路合●又東南渡格德爾古河●烏蘭烏蘇河●而與北自甘肅入境之路合●折而東北●經和碩特北左翼旗北右末旗北左末旗●至青海西岸北

前旗●而與東自甘肅入境之路會●

北自甘肅入境之路●由安西州之玉門縣●渡昌馬河黨河而西南●逾祁連山脈●至巴哈哈爾當●折而東南●渡布隆吉爾河●而與新疆之路會●

東自甘肅入境者●一曰丹噶爾之路●由西甯府之丹噶爾廳西南行●過丹噶爾廟●逾索爾古山●而與西藏之東路合●折而西北●至綽羅斯南右翼頭旗●而與大通之路合●又沿青海南岸西行●經喀爾喀南右翼旗●和碩特南左翼後旗●至和碩特北前旗●而與新疆之路會●一曰舍布森之路●由西甯北境之舍布森祠西北行●經王家堡土司●逾察罕鄂博圖山●渡大通河●傍祁連山西行●至和碩特西右翼前旗●折而西南●渡大通河●經前左翼頭旗●逾庫德里山●沿青海西北岸●經北右翼旗●達綽羅斯北中旗●渡布喀河●至和碩特北前旗●而與新疆丹噶爾之兩路會●一曰大通之路●由西甯府之大通縣西行●經和碩特南左翼末旗東上旗●至青海東北岸●折而東南●沿海岸經南右翼後旗●至綽羅斯南右翼頭旗●而與丹噶爾之路會●一曰河州之路●由蘭州府河之雙城堡而西●逾西傾

山。達於和碩特南右翼中旗。南左翼中旗。前頭旗。土爾扈特南前旗。

四川之路。由松潘廳之黃勝關而西北。逾岷山。達和碩特前頭旗等四旗。

西藏之路。由拉薩北之陽八井而東北。經珠納幹地方。越重山。至玉樹土司而分二路。西路渡揚子江之上源木魯烏蘇河。逾巴顏哈喇山。而與新疆之路會。東路渡木魯烏蘇河之下游布壘楚河。逾巴顏哈喇山。渡黃河。而與甘肅丹噶爾之路會。

青海四境。皆重山峻嶺。人跡罕至。鳥飛難越。獨西甯一路。雖岡阜起伏。而尚稱平坦。即通京大道也。

電綫

蒙古之有電線。始於光緒十五年。線路自張家口經滂江叨林烏得。達庫倫恰克圖。局凡六。俄人亦得通信。每語價四角一分三釐七毫。茲據光緒二十七年所查各局進出之數。列表如左。

局所／進出	收入報費	支出各費	贏絀
張家口	三三一三七元六五三	局用 一七二〇元 薪水 八九九.八 修理 七〇.三五 巡線 一〇九〇.八五六 雜項 三七九〇.四八一	絀 四三三三元八三六
滂江	一五.二	局用 二七四二.八六二 薪水 二七五四.五一四	絀 九六〇三.一六五

		巡線 九〇八•五七四 雜項 三二一二•四一五	
烏得	一一•八	局用 二七四二•八五二 薪水 二六二七•五 巡線 三四二•八七 雜項 四一九二•六四一	細 九八九四•〇六三
叨林	六〇•八	局用 二七四二•八六六 薪水 一九五五• 修理 六九•〇二八 巡線 九九四•二八八 雜項 三四六四•九四七	細 九一六五•三二九
庫倫	七二二五•二二五	局用 五一四二•八六四	細

		薪水 一八六〇•〇五 巡線 一〇二八•五六八 雜項 三四一二•九六五	四二二九•一九七
恰克圖	三九三二•五	局用 四〇七二一•八五四 薪水 四六一〇• 修理 七一•四二八 巡線 四八〇• 雜項 七三七四•二三六	紬 一二六二六元〇一八
總計	一四四七三元二〇三	六四三二四元八二	四九八五一元六〇八

又有收入中俄過綫費一項。凡五千七百四十四元一角四分。以雜滿洲等線在內。故未列入。

會計

蒙古財政素無報告。故其出入莫從會計。蓋中政府之轄彼。惟使奉政令而已。若其財政之出入盈絀。則不加調查。而蒙古各部。又分土以治。各君其國。各子其民。無爲之總覈者也。且蒙古游牧營生。牲畜爲產業。賦稅出牲畜。牲畜蕃耗。本無一定。賦稅多寡。固難有常。即使之調查。亦不能限以定額。然其地土皆宜畜牧。牧養之道。講求有素。一人能牧數十百頭。而十五丁占二十方里之地。以給地徵賦之制。推之歲入之額。必巨。給地徵賦之制。語在政體章。大抵按牲畜多寡而取之者。其歲入常款。即爲政常費也。若進貢會盟移營嫁娶等事。凡歲出之非常者。則另取於民。又內屬蒙古察哈爾自國初以來。務招徠邊民開墾。今於獨石張家二口外。墾地甚廣。故蒙古獨此地徵地租。惟每當種秧後。聽員率所屬兵弁查青苗多寡而定其賦額。故亦無一定。舉其中數言之。約耕地一萬二百二十一頃。賦銀一萬四千三百六十六兩。

中政府歲頒各部汗王等俸。依會典所載。略見一斑。顧員無定額。數有增減。舉其大略。

則俸銀十四萬一千一百兩。俸幣一千四百八十三匹。

茲據光緒十九年所查理藩院出款。及十三年山西籌撥烏科兩城經費。列表如左。

王公俸銀	十三萬九百七兩五錢零
喇嘛餉銀	二萬九千一百七兩四錢一分五釐
賞銀	五萬五千六百九十九兩
驛站盤費銀	八萬五千兩
驛站草豆銀	一萬五千九百五十二兩四錢一分六釐
察哈爾俸銀	五萬七千六百九十四兩八錢六分四釐
察哈爾餉銀	六萬一千二百七十五兩一錢八分三釐
總計	四十三萬五千六百三十六兩三錢八分三釐

烏里雅蘇台	餉銀八萬四千兩
烏里雅蘇台、科布多	經費七萬六千六百六十六兩
科布多	餉銀五萬兩
科布多	臺費一萬兩
總計	二十二萬六百六十六兩

察哈爾內蒙古等有太僕寺上駟院慶豐司所掌牧場其歲產多寡不知其詳惟幅員甚廣數必不少

太僕寺牧馬場分左右翼左翼場在獨石口外都石山之北東至布輝布拉克與右翼騍馬場之西南爲界西至察漢齊老圖與內務府鑲黃旗牛場爲界南至都石山前橫道與獨石口廳屬張痲子井爲界北至哈特呼拉台與察哈爾正白旗爲界廣二百里袤一百七十里騍馬騸馬同牧右翼則分騍馬騸馬二場其騍馬場在獨石口外商都河之南東至呼德里與察哈爾正藍旗爲界西至烏蘭喀勒罕山與察哈爾鑲白旗爲界南至塔爾奎哈布齊老與多倫諾爾廳所屬海和朔爲界北至霍約爾奔巴與內務府正白旗牛羊場爲界廣一百二十里袤八十里騸馬場在張家口外布爾噶蘇台河之西北東至伊克昂古里與內務府鑲黃旗牛場爲界西至齊倫翁果齊與察哈爾正黃旗爲界南至布楞布拉克與察哈爾正黃旗爲界北至哈穆科山與內務府鑲黃旗牛場爲界廣七十里袤五十里其馬牡曰兒牝曰騍不及三歲曰駒及歲擇其牡者而

割之曰騸騍馬。騸馬分羣。羣無過四百匹。設牧長牧副牧丁。任其牧事。而轄以協領。協領轄以翼長。翼長轄以總管。凡統轄總管一人。統理兩翼事務。或　特放。或以察哈爾都統兼任。總管二人。分理二翼事務。翼長四人。分理二翼騍騸協領十人。副協領十有二人。牧長牧副牧丁則視其羣之數而設之。牧長牧副羣一人。牧丁騍馬羣七人。騸馬羣八人。又有護場之兵。茲不贅。凡牧官牧兵。皆用察哈爾。兩翼之馬。凡九百四羣。卽羣各百匹。已九萬匹矣。

上駟院牧場。在蒙古者二。曰商都達布遜諾爾牧場。在獨石口外之北。東至錫喇西寶台。與察哈爾鑲黃旗爲界。西至察罕齊老圖。與察哈爾正黃旗爲界。南至昂古里諾爾額爾吉圖。與正黃旗牧牛塲爲界。北至烏蘭諾爾。與蘇尼特右翼旗爲界。廣一百九十里。袤二百七十里。曰達里岡愛牧場。在多倫諾爾廳東北。東至衮鄂都爾。與車臣汗左翼後旗爲界。西至札木額古德都木達呼都克。與蘇尼特左翼旗爲界。南至額欽碧流圖。與阿巴噶右翼旗爲界。北至錫巴爾圖鄂格什。與車臣汗中末右旗爲界。廣三百里。

袤四百里。二場共設總管一人。察哈爾都統兼任小總管場一人。翼長商都達布遜諾爾五人。達里岡愛四人。牧官牧丁各視其羣數而設之。如太僕寺。馬羣自四百匹至五百匹有差。駝羣無過三百匹。康熙年調查。多至三百餘萬匹。畜牧之盛。自古未有。而三廳志所載。則商都達布遜諾爾。騾馬一百十一羣。騸馬四十一羣。騸駝十七羣。達里岡愛。騾馬七十四羣。騾駝四十八羣。凡二百九十一羣。

慶豐司牧場在蒙古者二。一曰養息牧牧場。在　盛京錦州府廣甯縣北彰武臺邊門外。東至科爾沁左翼前後旗界。西至土默特左翼旗。南至邊牆。界　盛京。北界錫呼圖庫倫喇嘛牧地。周二百五十餘里。分爲三場。甲場牛二千。羊一萬。各分九羣。乙場牛二千。亦分九羣。丙場黑牛一千。分四羣。甲場設副翼長四。牧長十四。每二人管牛羊各一羣。而統以翼長二人。乙場設副牧長一。領催二。牧丁十五。每二人管牛一羣。而統以牧長一人。丙場設副翼長一。牧長三。各管黑牛一羣。而統以翼長一人。分羣之法。牸牛三百爲一羣。羊千一百爲一羣。一曰察哈爾牧場。在張家口外。分爲七場。牛羣牧場三。甲在察哈爾正黃旗，東至沙喇呼都克，與八旗王公牧場接，西至俄卜圖諾爾，與本旗牧場接，南至台賚嶺，與張家口廳接，北至額爾吉圖山梁，與本旗牧場接，寬九十里，周三百二十里，牛羣十三，乙在察哈爾鑲黃旗，東至達吉山邱，與太僕寺左翼馬場接，西至哈木呼俄卜圖庫倫勒山坡，與太僕寺右翼馬場接，南至西巴爾泰哈畢爾噶布拉克，與本旗察哈爾遊牧接，北至木壘庫楞業克烏蘇，與八旗王公牧場接，寬百里，周四百二十里，牛羣十四，丙在察哈爾正白旗，東至札噶蘇台諾爾南拜圖察罕，與正藍旗察哈爾遊牧接，西至活多多諾爾，與本旗牧羊場接，南至趙奈曼粟末，與多倫諾爾喇嘛牧場接，北至巴噶達噶諾爾，與本旗牧羊場接，寬六十里，周二百八十里，牛羣十三，綜計三場，凡牛四十羣，羊羣牧場四，甲在察哈爾正黃旗，東至達察烏蘭蘿穆，與商都達布遜諾爾牧場接，西至呼普山梁，與本旗察哈爾遊牧接，南至業克塔爾喀朗拜生圖，與本旗牧牛場接，北至察漢齊老圖，與本旗察哈爾遊牧接，寬百里，周四百二十里，羊羣五十，乙在察哈爾鑲黃旗，東至額爾吉納克山，與本旗及正白旗察哈爾遊牧接，西至阿魯齊倫翁果綽烏蘇。與本旗察哈爾遊牧接。南至固爾班諾爾。與本旗察哈爾遊牧接。北至諾袞努魯博羅托里木山。與蘇尼特部接。寬百四十里。周四百六十里。羊羣四十。丙在察哈爾正白旗。東至巴顏諤隆野地。與正藍旗察哈爾遊牧接。西至察罕沙邱。與鑲白旗察哈爾遊牧接。南至霍雅爾本巴。與太僕寺右翼馬場及本旗牧牛場接。北至昂古爾圖諾爾西呼魯蘇圖博羅沙邱。與正藍旗察哈爾遊牧接。寬百里。周六百里。羊羣五十。丁在達里岡愛坍於上駟院之駝馬場。羊羣八十。綜計四場。凡羊二百二十羣。察哈爾六場。設小總管一。副總管二。協領六。委署協領十二。牧長羣一人。牧副一人。牧丁六人。達里岡愛設小總管一。兼領於上駟院馬駝羣之小總管。翼長三。委署翼長六。牧長牧副各一人。牧丁六人。

尙有禮部牧廠及八旗牧廠。在張家口外。不詳其數。

風俗

蒙古疆域遼闊•人種不一•風俗因有異同•然其專事畜牧•見異不遷•勇悍耐勞•守常安故•質朴無機械•如循蜚因提之民•則皆然也•惟長城附近及興安嶺間•所居漢蒙雜種•則異於蒙古•頗類漢人•委曲繁縟•狡猾譎詐•棄其本業•或事耕作•以漢蒙通婚•竟化其性質•

畜牧尋水草叢生之處•行以車爲室•止以氈爲庭•冬時傍山營窟•以禦風雪•遷易無定所•流雪清泉以解渴•畜肉馬酪以充飢•衣以獸皮•器以獸骨•男女日馳馬田獵•不知稼穡•以爲養人有禽獸•養畜有芻薪•日用無匱•奚事耕耘•而內蒙古南部接近漢地處所•有漢蒙雜種•則從事耕稼•異於全土•

烏梁海多深山老林•飛走萃焉•人獵貂鼠以爲業•且於畜牧外•又善耕作•大小麥與玉蜀黍•收穫頗豐•惟酋長御衆•過於專制•凡其部衆所得•概以自奉•故酋長甚富•部屬甚貧•

唐古特之住於甘肅邊外者●或兼製木器●從事耕作●而紡績毛絲織造絨呢●乃其專業●第其量長短●不用尺度●展兩手以量之●因體幹大小●而致有差異不問也●

語言異於漢地●約有三類●一曰蒙古本部語言●一曰博蠟的語言●一曰加爾瑪克語言●惟汗王子弟●皆習滿漢語●因其居官所不可少也●內蒙古之接近漢地處●雖漸漢風而變其氣質●然語言則仍舊習●惟少變其聲而已●大抵喀爾喀語皆高音而有抑揚●內蒙古語則稍低而濡滯●蒙古人不解左右●語涉方向●恆以東南西北指之●其距離遠邇●不計里程●若問地之遠近●則答駱駝行幾何晝夜●或馬行幾何晝夜●又以行之有遲速也●故繫以緩急二語●今略舉喀爾喀與阿拉善語言●譯以漢語列表如左●

漢語	喀爾喀	阿拉善
茶碗	伊磨蒲	亨刹
土瓶	耶甫	笛皮利
乳	蘇	油蘇

肉	麥哈	伊台
牡羊	化痕	化伊

衣服之制。大抵同於漢地。窄袖長褂。布帶束腰。繫以煙袋燧石等。富者綢帛。貧者棉布。冬則概衣皮裘。帽形平扁反緣。鞋用漢地所製。婦女衣服。因地而異。大致同於男子。惟稍華麗。長褂不束帶。而加獸皮背心。男皆薙頭蓄辮。遵 國朝制也。婦女則否。惟蓄辮二條。垂於左右。飾以珊瑚眞珠。耳懸圈環。手套釧鐲。若已嫁者。髮辮惟一。頭戴珊瑚銀板。以別於處女。

唐古特人之衣服。皆以呢絨羊皮製之。長及於膝。而不用褲。衣皆袒右。帽盡闊緣。女穿耳環。男結髮辮。女之盛妝者。聚貝殼製白色圓圈。繫於身。叉以布片懸肩上。男嵌赤色榴石於左耳。以爲美麗。若富家女子。必以紅色假珠爲妝飾。男子之束帶繫袋。一如喀爾喀人。

飲食之品。爲酪酥甎茶燒酒獸肉麵粉等。惡魚鳥不食。見人食。且作惡欲嘔。膳無定時。

有間即食。或以事冗。數日不食。亦無飢色。而久餓一飽。竟可兼數人之量。飲喜甎茶。食喜羊肉。甎茶珍如貨幣。貧富皆飲之。二三日不得。輒歎己福薄。切爲片。碎爲末。投於沸湯。調以乳鹽。而後飲之。若和黃油味更美。客至餉之。爲異常優待。一飲盡數大碗。或數十大碗。碗皆漢地所製。富翁方有之。人各一。常藏於懷以爲飾。若喇嘛僧徒。竟用髑髏。羊肉以胸尾爲佳。持片入口。半入而以刀切之。用刀之巧。同漢人用箸。一餐能盡一腿。或一晝夜竟盡一羊。

唐古特人。以大麥粉摶餅食之。牛羊脂肪乳汁爲調和之品。食後必飲塔爾伊克。此物爲牛羊酸乳所製。飲料所必需。貧人或不具甎茶。輒以丹噶爾茶代之。丹噶爾茶者。野草所製。產甘肅西甯府丹噶爾廳。故名。其日用飲食之物。凡彼地所不產者。率赴丹噶爾。以家畜皮毛等物易之。

居無室。以幕爲廬。其張幕也。平地畫圈。圍約四丈。立柱於周。凡十數根。而箝木縱橫。架於柱間。使相銜接。以代牆垣。上覆以氈或厚布。馬尾繩束之。猶漢人之屋也。戶皆向南。

垂厚氈以禦風雪。幕頂之中有煙突。開閉以鈎。雖其結搆甚粗。亦足以阻寒暑。禦風雪。日游牧逐水草而居。轉徙無定所。帳幕便張弛。故最爲適用。其幕旁餘地。周堆枯柴。爲夜間羣畜棲息之所。凡張幕婦女掌之。以時時遷移。故習熟其事。一轉瞬間結搆已具。至其器用。惟有鍋杓土瓶茶杯皮囊木桶木碗鐵架火箸等云。內蒙古之接近漢地處。人多定居。故有廬屋。惟搆造甚粗。土茅相雜。有圓形者。有方形者。設土炕。鋪毛氈。壁懸畫像。近似漢地。器用亦略具。

唐古特人之幕皆黑色。制亦大異。且喜羣居。常聯數幕或數十幕。不若喀爾喀之獨幕而無鄰也。其住甘肅邊外者。或居木造小屋。結搆極粗。

嫁娶之制。設媒介。合年庚。送茶禮。隨嫁裝。一如漢人。而喪葬則大異。人死無棺槨。氈裹屍棄於野。猛獸食之。野禽啄之。不顧也。蓋佛家以屍飼禽獸爲善根云。惟內蒙古之接近漢地處。則婚娶喪葬皆如內地。

夫婦之權雖齊。戶外則男子任之。女爲側室。不得與於家政。男非嫡子。不得繼任家督。

賓主相見禮節。甚簡。見則先問家畜安否。而後及於家人。去不告辭。徑出帳幕。若官吏高僧。主人方送行數步。俄人某者。初至蒙古。人輒問其家畜安否。某甚詫異。竟以不養家畜對。蒙古人惟貧無立錐者。始不養家畜。故終不之信。而輕視之矣。遇人於途。各出鼻煙相餉爲禮。此風以外蒙古爲最。見貴人行跪禮。表尊敬也。然粗陋性成。終必現其眞相。蓋游牧之業。不受人檢束。故放逸自在。習慣自然矣。遇人和藹可親。客至必善遇之。不問知與不知。供以煙茶。談話殷勤。如逢舊雨。

唐古特人之相見禮。以兩手據地。或贈小帛一片。尤爲尊敬。物之良楛。視交際之親疏。

唐古特有奪妻之風。既得婦女密諾。乃以力奪取而出。巨資以償前夫。

男女好馳馬。出幕他適。雖百步之近。亦必騎而行。乘駿馬馳騁於曠野。以爲快事。故舍寢食外。竟不離馬上。而馭馬之術甚精。縱桀驁不馴者。一經彼族之羈勒。即變爲馴良矣。牧養之術亦甚巧。一人騎馬執鞭。能馭羣畜至數十百頭。若相離甚遠。或險峻難登。則繫石於鞭。投石以制之。婦女常居帳幕。專事執炊。兼製酥酪黃油等製品。甚精。倘卒然急風暴雨。即馳馬至牧場。助其夫驅羣畜。無異於男子。

俗崇神佛。信占卜。祈福解禍。禱山祀川。風行全部。盡人而然。作無益害有益。空擲光陰。競事虛無。良可浩歎。病則巫祓之。不識醫藥爲何事。蓋以爲吉凶禍福。莫不出神佛之心也。且因是而生無謂之禁忌。謂踞食則途必遭難。首途而籌及行路之事。則風雨霰雪。立至。又日沒則不市。家畜病愈則不授受者三日。此類不勝枚舉。原其故皆喇嘛教爲之也。喇嘛教即佛教。自汗王以下皆奉之惟謹。家三男者。一人爲僧。庫倫之廟。至有十五萬僧之多。彼喇嘛教者。以殺生爲首惡。害人之鳥獸。猶且不敢殺之。擴其心思充其智力。竟至暴露人屍以飼鳥獸。反謂善根。故其地白骨成堆。犬豕爭食。慘不忍見。

游牧之民。勤奮工作。蓋畜牧多動使然也。其於畜牧外無所用心。故當無事時。善飲食。喜談話。樂聞瑣事以爲新聞。遇人必問新聞有無。有則不遠千里而報告親戚朋友以爲樂。設有旅客至其地。共有若干人。來自何處。攜帶何物。彼即以爲新聞矣。往往一新聞出。而傳布四方。遍於廣土。

賽馬唱歌。最爲樂事。歌皆贊美古人之大勳績。旅行沙漠。長途更迭唱和。以慰羈愁。然音調激楚。情詞悽壯。轉使征人起懷鄉之念。有專業唱歌者。遊行曠野。人爭延之。

蒙古志卷三終

教科書目

初等小學修身課本 張繼頁編 第一二三冊每冊一角 教授本 張繼頁編 第一二三冊每冊三角

初等小學國文課本 朱樹人編 第一二三冊 一角五分 一角 一角 教授本 朱樹人編 第一二三冊 三角 三角五分 三角五分

初等小學算術課本 沈 羽編 第一二三冊 一角 一角二分 教授本 沈 羽編 第一二三冊每冊三角

初等小學圖畫範本 張在恭編 首冊附冊各一角半 一冊至八冊每冊一角

初等小學手工教授本 徐傅霖編 第一冊五角 第二冊四角

小學體操範本 徐傅霖編 上編二冊每冊五角 下編一冊六角

初等小學唱歌課本 沈慶鴻編 第一冊二角

高等小學修身課本 林萬里 黃展雲編 第一冊八分 教授本 林萬里 黃展雲編 第一冊三角

高等小學算術課本 石承宣編 印刷中 教授本 石承宣編 印刷中

高等小學歷史課本 趙鉦鐸編 第一冊一角 教授本 趙鉦鐸編 第一冊五角

高等小學地理課本 姚明煇編 第一冊二角 教授本 姚明煇編 第一冊四角

吳傳紱編 教授本 吳傳紱 家煦編 一冊

簡易地理教本 沈祖綿編 全一冊三角五分

簡易理化課本 吳傳紱編 全一冊四角 教授參攷書 吳傳紱編 全一冊三角

心理學 楊保恆編 全一冊四角

教育史 章以黼編 全一冊五角

簡明實用教育學 吳 馨編 全一冊五角

小學各科教授法 顧 倬編 全一冊四角

參考 宣講 用書目

算學自修書(算術之部) 沈 羽編 上冊五角 下冊六角

最新化學理論解說 吳傳紱譯 全一冊一元

小學劣等生救濟法 楊傳福譯 全一冊三角

幼兒保育法 顧 倬編 全一冊二角五分

通俗教育談 顧 倬編 全一冊三角

衛生新論 吳 兌編 全一冊三角

新譯瑞典式療病體操(附圖一幅) 徐傅霖譯 全一冊三角五分

編輯者 上海姚明煇

校訂者 嘉定夏曰琖

印刷者 中國圖書公司

發行者 中國圖書公司

上海棋盤街元字九十九號

總發行所 中國圖書公司

電話二千九百九